PALAVRAS DE PODER

PRIMEIRO VOLUME

PALAVRAS DE PODER

PRIMEIRO VOLUME

ENTREVISTAS INSTIGANTES COM
GRANDES MESTRES DO BRASIL

Lauro Henriques Jr.

EDITORA ALAÚDE

O texto deste livro foi fixado conforme o acordo ortográfico vigente no Brasil desde 1º de janeiro de 2009.

Revisão: Julio de Mattos
Capa: Adaptação sobre capa de Carlo Giovani

Impressão e acabamento: Bartira Gráfica

1ª edição, 2016
Impresso no Brasil

Dados Internacionais de Catalogação na Publicação (CIP)
(Câmara Brasileira do Livro, SP, Brasil)

Henriques Jr., Lauro
Palavras de poder: primeiro volume: entrevistas instigantes com grandes mestres do Brasil / Lauro Henriques Jr. -- São Paulo: Alaúde Editorial, 2016.

Bibliografia.
ISBN 978-85-7881-370-3

1. Autoajuda 2. Autoconhecimento 3. Entrevistas 4. Espiritualidade I. Título.

16-06043 CDD-291.4

Índices para catálogo sistemático:
1. Entrevistas: Espiritualidade e autoconhecimento 291.4

2016
Alaúde Editorial Ltda.
Avenida Paulista, 1337, conjunto 11
São Paulo, SP, 01311-200
Tel.: (11) 5572-9474
www.alaude.com.br

A Deus, pelo dom da vida.

A minha mais profunda gratidão a todos
e a cada um dos seres que, de forma imprescindível,
contribuíram para a realização desta obra.

A palavra é metade de quem a pronuncia, metade de quem a escuta.
Michel de Montaigne

Com as palavras se podem multiplicar os silêncios.
Manoel de Barros

SUMÁRIO

Prefácio
Livrando-se da vaquinha magrela 13

MONJA COEN
A ponte do coração tranquilo 19

PROFESSOR HERMÓGENES
O des-ilusionista 35

DIVALDO FRANCO
O obreiro dos espíritos 53

IAN MECLER
O canal da Cabala 67

JOSÉ ÂNGELO GAIARSA
O equilibrista 85

LIA DISKIN
Artífice da paz 101

ALEX POLARI
Em extâse com Deus 117

DOM PEDRO CASALDÁLIGA
O bispo da terra sem males 131

ARTUR ANDRÉS
Pelas veredas de si 145

GUDRUN BURKHARD
A arte de curar 161

CHANDRA LACOMBE
O oráculo do som 175

SUSAN ANDREWS
Em paz com o estresse 191

ROBERTO OTSU
A natureza da sabedoria 205

LEONARDO BOFF
A solidária humanidade da Terra 221

Mesa-redonda 235
Bibliografia 251

PREFÁCIO

LIVRANDO-SE DA VAQUINHA MAGRELA

Reverenciado como um dos homens mais sábios e bondosos de seu tempo, um velho mestre caminhava há dias com seu discípulo quando, ao longe, avistaram um casebre no alto de uma montanha e decidiram ir até o local para pedir um pouco de água e abrigo para a noite. Porém, chegando lá, depararam-se com uma casinha caindo aos pedaços e, na entrada, um casal e seus três filhos pequenos, todos maltrapilhos e subnutridos. Apesar de toda a miséria, o casal acolheu os visitantes da melhor forma possível, oferecendo-lhes água, parte da pouca comida que tinham e o único quarto da casa para que descansassem. Grato pela receptividade, o sábio ancião perguntou: "Vejo que vocês são pessoas boas e honradas, mas como conseguem sobreviver num local tão pobre e afastado?". "O senhor vê aquela vaquinha? É graças a ela que estamos vivos", respondeu o chefe da família. "Mesmo sendo tão magrinha, todo dia ela nos dá leite para beber e fazer um pouco de queijo. E, quando sobra, trocamos o leite por alimentos na cidade. Se não fosse por ela, já estaríamos mortos", completou o homem, e todos foram dormir.

No outro dia, os visitantes agradeceram a hospitalidade e partiram. Eles já haviam caminhado por alguns minutos quando, ao passar por um precipício que margeava a estrada, o sábio parou e disse ao discípulo: "Volte até a casa, pegue aquela vaquinha magrela e jogue-a neste abismo". O aprendiz ficou atônito: "Mestre, mas a vaca é o sustento daquela família; sem ela, eles vão morrer...". Mas de nada valiam seus argumentos. O ancião apenas o fitava, em silêncio, até que o aluno se calou e, inconformado, fez o que lhe fora mandado.

Vários anos se passaram, mas o pensamento sobre qual teria sido o destino daquela gente não deixava de atormentar o discípulo. Um dia, então, no ápice do remorso, ele decidiu voltar ao local para pedir perdão àquelas pessoas. Porém, chegando lá, encontrou um cenário que o deixou ainda mais culpado. Em vez do casebre em ruínas, havia um lindo sítio no lugar, com uma casa enorme, piscina e vários empregados. O aprendiz pensou: "Pobres coitados, se não morreram, certamente foram obrigados a vender sua terra e devem estar mendigando em algum canto". Em seguida, ele se dirigiu a um homem que, robusto e bem vestido, parecia ser o dono do sítio, perguntando se ele sabia o paradeiro da família que vivia ali. Então, para seu espanto, o sujeito respondeu: "Ora, claro que sei, somos nós mesmos".

Na hora ele reconheceu o homem, assim como a mãe e seus filhos, que, em vez da trupe maltrapilha de antes, agora eram três jovens fortes e uma mulher linda e bem cuidada. Pasmo, ele disse ao antigo anfitrião: "Mas o que aconteceu? Há alguns anos, estive aqui com meu mestre, e este lugar era uma miséria só.

Como conseguiram progredir tanto?". Ao que o sorridente fazendeiro respondeu: "Tínhamos aquela vaquinha que nos dava nosso sustento, mas, no dia em que vocês partiram, ela caiu no desfiladeiro e morreu. No começo, achamos que íamos morrer de fome. Mas, diante da necessidade, todos nós tivemos que encontrar alguma atividade nova para ganhar a vida e, com isso, acabamos descobrindo talentos que nem sonhávamos ter. E o resultado é esse que você vê".

A história dessa família e sua vaca é uma metáfora perfeita para algo que, de uma forma ou de outra, é uma realidade para quase todos nós: o modo como, sem consciência, passamos a vida nos apoiando em alguma vaquinha magricela. Uma vaquinha que pode se manifestar em relação às mais variadas questões que enfrentamos na vida: a falta de realização profissional; a incapacidade de viver um amor de verdade; o apego diante da perda de um ente querido; a dificuldade em aceitar a si mesmo e aos outros; e por aí vai. É raro encontrar alguém que, em algum momento, não tenha ficado preso à sua vaquinha, achando que aquilo era o máximo a que teria direito na vida, em vez de buscar maneiras novas e mais gratificantes de viver.

Nesse sentido, assim como o mestre da história acima, a intenção deste livro é ajudar você a se livrar de toda e qualquer vaquinha magrela que ainda esteja presente em sua vida. Para tanto, aqui estão reunidas entrevistas com alguns dos principais nomes da espiritualidade e do autoconhecimento no Brasil e no mundo atualmente. Há anos, cada uma dessas pessoas tem exercido enorme influência na vida de milhares de outras que, ao entrar em contato com os ensinamentos aqui reunidos, conseguiram transformar definitiva e positivamente as suas vidas. Assim, em vez da história pessoal de cada entrevistado, o livro busca trazer a essência da sabedoria para a qual essa pessoa foi um canal de transmissão. Na verdade, mais do que pensamentos, o que você encontra aqui são caminhos, são novas possibilidades de ser e de se colocar no mundo.

Há várias formas de ler esta obra. Você pode seguir a ordem em que as entrevistas aparecem no livro; pode começar pelas pessoas com as quais já tem alguma afinidade; pode iniciar com aquelas que, de repente, nunca ouviu falar. A escolha é sua. O importante é que você se permita saborear cada entrevista sem pressa, como se estivesse na presença de um velho amigo que não vê há muito tempo e, você sabe, irá lhe contar coisas surpreendentes.

Ao final de cada entrevista, há dois tópicos destacados: "Melhor de três" e "Mesa-redonda". O primeiro se refere a três temas específicos respondidos por todos os entrevistados, permitindo uma visão global desses temas. Já no tópico "Mesa-redonda", você acompanha uma conversa entre as próprias pessoas entrevistadas: cada uma delas gentilmente elaborou uma pergunta que foi respondida por outra.* No fundo, esse espírito de diálogo reflete uma ideia que perpassa todo o livro, a de que somos todos iguais, que estamos aqui uns

* *No fim do livro, você também encontra um apêndice com a mesa-redonda completa. Porém, sugiro que, antes de ler essa parte, você leia todas as entrevistas.*

para ajudar os outros, para que cada um de nós possa se livrar de sua vaquinha magrela e, com isso, despertar e manifestar o seu ilimitado potencial de criatividade, liberdade, amor e alegria.

MONJA COEN

A PONTE DO CORAÇÃO TRANQUILO

Na sabedoria popular, encontramos a história de dois irmãos que, após décadas de vida harmoniosa em fazendas vizinhas, brigaram feio. Tudo por um simples mal-entendido que culminou em discussões violentas e no rompimento da relação. Meses depois, numa manhã, o mais velho recebeu a visita de um carpinteiro atrás de trabalho. Era a chance de se vingar. Ele disse: "Vê a fazenda do outro lado do riacho? É de meu irmão, e hoje somos inimigos. Pegue esta pilha de madeira e construa uma cerca imensa, para que eu nunca mais veja a casa dele". Tendo entendido o caso, o carpinteiro se pôs a trabalhar, e o fazendeiro foi até a cidade. Já era quase noite quando o patrão voltou e, perplexo, viu a cena inacreditável: em vez da cerca, o carpinteiro havia construído uma ponte ligando as duas margens do rio. O homem ficou indignado, mas, pela estrutura, já vinha seu irmão, emocionado com o gesto pacificador, e os dois se abraçaram no meio da ponte. O construtor, então, começou a partir. "Espere, fique", pediu o fazendeiro. E o carpinteiro disse: "Eu adoraria, mas tenho muitas pontes para construir".

Essa mesma tarefa foi abraçada por Cláudia Dias Batista de Souza, a Monja Coen. Liderança mais conhecida do budismo no país hoje, ela foi ordenada monja em 1983, deixando para trás uma vida agitada, em que trabalhou como jornalista e se envolveu em atividades políticas e da contracultura. A virada se deu em 1978, ao conhecer o zen-budismo quando vivia nos EUA. Após a ordenação, passou 12 anos em mosteiros no Japão, antes de voltar ao Brasil. Aqui, em 1997, foi a primeira pessoa de origem não japonesa, e mulher, a presidir a Federação das Seitas Budistas do Brasil e, em 2001, fundou a Comunidade Zen Budista, em São Paulo.

Aos 68 anos, segue manifestando a essência de seu nome de batismo religioso. O termo Coen é composto de dois caracteres chineses: *co*, que significa "só"; e *en*, que pode ser traduzido por "algo completo". Ou seja, a Monja Coen é alguém que vive "só e completa". Com um detalhe: estar plena consigo mesma não a impede de, dia a dia, se dedicar ao próximo. "Temos que nos tornar uma ponte que auxilia os outros em sua travessia do mar de sofrimento para o espaço de comunhão e compreensão superior", diz.

PARA COMEÇARMOS COM CALMA E TRANQUILIDADE, NO LIVRO *FACES OCULTAS*, O PINTOR SALVADOR DALÍ CITA A INSTRUÇÃO QUE O SOBERANO ESPANHOL FILIPE II COSTUMAVA DAR AO CRIADO NA VÉSPERA DE EVENTOS IMPORTANTES: "VISTA-ME DEVAGAR, POIS ESTOU COM MUITA PRESSA". O QUE A SENHORA ACHA DISSO?

Bonito, e verdadeiro. Só quando estamos realmente presentes ao que fazemos – que é o significado desse "vista-me devagar" –, é que podemos ser mais eficazes. Se a mente está atribulada, pensando nisso ou naquilo, nossa atenção fica bipartida, não nos concentramos, e, com isso, a ação acaba sendo malfeita. E, se é malfeita, precisará ser refeita, tomando mais tempo ainda. Ou seja, é preciso reduzir essa correria do pensamento, trazendo a atenção absoluta para o momento. Com isso, trabalho com rapidez, me movo com rapidez, mas meu coração e minha mente estão em paz. Essa é a proposta do zen, o treino da presença absoluta.

MUITAS PESSOAS VIVEM HOJE EM MEIO À CORRERIA DOS GRANDES CENTROS URBANOS, ENVOLTAS COM AS QUESTÕES DE TRÂNSITO, DE EXIGÊNCIAS NO TRABALHO, ETC. NESSE SENTIDO, COMO TREINAR A PRESENÇA EM MEIO A ESSE CAOS DA CIDADE GRANDE?

Pode soar como um paradoxo, mas as grandes cidades são espaços maravilhosos para o aprendizado da presença, da paciência, pois o treinamento é incessante. Somos instigados o tempo todo por situações que exigem nosso retorno ao eixo de equilíbrio. Caso contrário, entramos na confusão, na briga, no desacato. Uma coisa importante é exercitar o **olhar**, a observação. No trânsito, por exemplo, em vez de ficar ansiosa por ter que chegar a tal lugar, em tal horário, percebo que o próprio caminho pode ser belíssimo. Eu faço o que posso para chegar no horário, mas, ao mesmo tempo, aprecio o caminho. É algo que minha superiora no Japão sempre repetia: "Aprecie o caminho". Em outras

A verdadeira viagem de descobrimento não consiste em buscar novas paisagens, mas em ter novos olhos. (Marcel Proust, escritor francês)

Usualmente, sem que tenhamos consciência disso, tentamos mudar as coisas em vez de mudar a nós mesmos. (...) Mas é impossível ordenar as coisas se você mesmo não está em ordem. (Shunryu Suzuki, mestre zen-budista)

palavras, não brigue com a realidade, querendo **mudar** as circunstâncias – saiba adequar-se a elas. E vamos com calma, observando, pois o que importa é o que está aqui, afinal, nem sei se vou chegar lá.

AGORA, TER CALMA NÃO QUER DIZER SER UM "MOSCA-MORTA", NÃO É? PERGUNTO ISSO PORQUE, MUITAS VEZES, A PALAVRA ZEN É USADA PEJORATIVAMENTE PARA DIZER QUE ALGUÉM É MUITO PASSIVO, QUE NÃO FAZ NADA.

Com certeza. A busca da paz interior não tem nada a ver com a apatia diante da realidade; pelo contrário, nós estamos interconectados a tudo o que existe. E há uma necessidade efetiva de atuação de cada um, pois a transformação não é pessoal, mas coletiva. Essa ideia de que alguém pode se isolar, ficar meditando, que o mundo não lhe diz respeito, é falsa. Mesmo que a meditação exija um isolamento momentâneo, sua função é nos tornar conscientes de que estamos interligados com o todo, para que daí venha a ação adequada. E a ação adequada sempre é a ação amorosa, que transforma a realidade, pois tudo o que acontece no mundo tem a ver comigo.

A questão do meio ambiente, por exemplo. É essencial que cada pessoa se perceba como a manifestação da vida na Terra. A Terra é o nosso corpo comum. O corpo físico não vive sem todos os elementos que constituem o grande corpo da Terra. Se não cuidar do que está à sua volta, você, no fundo, não está cuidando de si mesmo. Estamos todos em profunda comunhão. A minha vida não é separada – esse é o princípio.

EM RELAÇÃO A ISSO, NO BUDISMO CONTA-SE QUE, NO MOMENTO DE SUA ILUMINAÇÃO, BUDA TERIA EXCLAMADO: "EU E TODOS OS SERES DO CÉU E DA TERRA, SIMULTANEAMENTE, NOS TORNAMOS O CAMINHO". O QUE ELE QUIS DIZER AO USAR A PALAVRA "SIMULTANEAMENTE"?

É a consciência de que o caminho iluminado é o caminho da não separação. A experiência vivida por todos os grandes místicos é esta consciência da não separação, de que estamos todos interligados. Essa é a percepção que faz de alguém um Buda, um ser iluminado. Quando se percebe isso, nossa capacidade de relacionamento muda na hora. Em vez de ver o outro como algo externo, como um inimigo, começamos a nos perguntar: "Por que não me relaciono bem com esta pessoa? Como posso melhorar isso? Qual é a verdadeira necessidade deste ser? Qual é a minha verdadeira necessidade?".

Sabe por que Sidarta Gautama se torna o Buda? Porque ele não briga mais, não tem necessidade de provar que está com a razão. Certo dia, um sábio foi até ele e disse: "Eu vim discutir a verdade com o senhor". E Buda respondeu: "Que bom, então não haverá discussão". É óbvio. Se vamos falar da **verdade**, como pode haver discussão? Se não sou separado do outro, como posso discutir com ele? Com essa compreensão, chegamos a uma acolhida verdadeira em relação às pessoas.

Não persiga a verdade, deixe apenas de dar valor às opiniões. (Instrução zen-budista)

IMAGINO QUE ESSA ACOLHIDA SEJA NECESSÁRIA, INCLUSIVE, EM RELAÇÃO AO ESTÁGIO DE COMPREENSÃO NO QUAL CADA PESSOA SE ENCONTRA.

Sem dúvida. As pessoas estão em níveis diferentes de compreensão, e cada uma tem o seu prazo, o seu limite, a sua maturidade. É como a história de que não se deve forçar a lagarta a virar borboleta, senão vai nascer uma borboleta toda frágil. No zen, costumamos dizer que o relacionamento do mestre com o discípulo deve ser como o da galinha com o pintinho. A galinha fica lá, chocando seu ovo e, de vez em quando, dá uma bicada na casca para ver se já pode abrir. Enquanto o pintinho não responde com uma batidinha, a galinha não quebra a casca do ovo. O mestre age da mesma forma. Ele nunca abre a casca do discípulo antes da hora, pois é preciso que haja uma resposta de dentro. É muito importante respeitar o tempo de cada um, sem querer forçar ou exigir nada de que o outro ainda não dê conta, para que o próprio processo de crescimento espiritual não seja mais uma causa de sofrimento.

ALIÁS, UM DOS PILARES DO BUDISMO É A AFIRMAÇÃO DE BUDA DE QUE, NA VIDA, "TUDO É SOFRIMENTO", POIS ESTARÍAMOS SEMPRE ATRÁS DE COISAS INALCANÇÁVEIS. AO MENOS À PRIMEIRA VISTA, ESSE SOFRIMENTO TEM UMA CONOTAÇÃO NEGATIVA. MAS GOSTARIA DE LEMBRAR UM POEMA DE ADÉLIA PRADO, EM QUE A DOR APARECE COM UMA FUNÇÃO POSITIVA: "DOR NÃO TEM NADA A VER COM AMARGURA. / ACHO QUE TUDO QUE ACONTECE / É FEITO PRA GENTE APRENDER CADA VEZ MAIS, / É PRA ENSINAR A GENTE A VIVER". OU SEJA, EM VEZ DE "TUDO É SOFRIMENTO", PODEMOS DIZER "TUDO É APRENDIZADO"?

Sim, podemos. Buda fala sobre a questão do sofrimento quando discorre sobre as "quatro nobres verdades" e, após analisar a natureza da dor, ensina o caminho para cessar o sofrimento. E o primeiro passo nesse caminho é a memória correta acerca do que é a realidade. Por exemplo, tinha uma música antiga que dizia: "Ame a pessoa com quem você está". Isso é memória correta. Em vez de reclamar que as pessoas à sua volta não prestam, procure ver a realidade. Perceba que há muita beleza nessas pessoas, que elas também têm qualidades, que você pode amá-las. Assim, em vez de querer o que está distante, o inalcançável, aprecie o que acontece agora em sua vida. Com esse tipo de postura, o que era sofrimento torna-se uma oportunidade de aprendizado, da vida, em vida.

NESSE PROCESSO TODO DE APRENDIZADO, TALVEZ O MAIS SOFRIDO SEJA O DA EXPERIÊNCIA DA MORTE, SOBRETUDO A DE ENTES QUERIDOS. COMO A SENHORA VÊ ISSO?

É uma experiência das mais difíceis, sem dúvida. Há pouco, perdi meu pai, que faleceu aos 94 anos, após um sofrido processo de doença. E toda a nossa família sofreu junto. Existe a dor, não há como fugir. Por mais que alguém diga: "Já sou uma pessoa consciente, iluminada, não vou sentir nada", é mentira, é falso. Não há como ficar indiferente, pois nos toca, dói. Agora, ao mesmo tempo, é essencial não se apegar a essa dor – não se apegar à pessoa que parte nem à dor que fica. Da mesma forma, quem parte não deve se apegar ao que deixa para trás, aos limites do corpo. Embora seja fundamental cuidar do corpo, pois ele é a vida que está

Sou lúcido. Sinto-o na maneira com que vejo a tarde morrer, e penso que essa tarde poderia ser eu mesmo. (Paulo Bomfim, poeta paulistano)

em nós, quando chega a hora de **morrer**, é preciso deixar que esse corpo se feche em harmonia.

De novo, isso não é fácil, dói, mas temos que nos preparar. É algo que insistimos no zen. Todas as noites, após a última meditação antes de dormir, lemos este texto: "Vida e morte são de suprema importância, o tempo rapidamente se esvai, e a oportunidade se perde. Cada um deve esforçar-se por acordar, despertar. Cuidado, não desperdice esta vida". Ou seja, é nesta vida, e não em outra, que temos a grande responsabilidade de atingir a iluminação, a sabedoria suprema, que se manifesta em compaixão, cuidado, ternura, alegria.

EM RELAÇÃO A ISSO, NUM TRECHO DO LIVRO *PORTA PARA O INFINITO*, DO CARLOS CASTANEDA, O MESTRE DOM JUAN ENSINA QUE "HÁ MUITOS MEIOS DE DIZER ADEUS, O MELHOR MEIO TALVEZ SEJA CONSERVANDO UMA RECORDAÇÃO ESPECIAL DE ALEGRIA". ESSE RECORDAR AMOROSO, OU, COMO A SENHORA FALOU ANTES, ESSA MEMÓRIA CORRETA, SERIA UMA FORMA DE SUPERAR A DOR DA PERDA?

Quando alguém que amamos se vai, parece que um pedaço de nós morre com essa pessoa, mas, na verdade, uma parte dela também fica em nós, vive em nós. O essencial é dar vida a esta vida em nossa vida. Que qualidades tinha este ser que eu amava? Será que, em minha vida, consigo manifestar essas qualidades para os outros? Isto é muito importante: aprender a manifestar esse ser no relacionamento com os outros. Assim, a pessoa que se foi não desaparece, pois continua viva em nós.

É o que sempre procuro fazer, como agora, em relação a meu pai. Em vez de ficar lamentando sua morte, tento ver de que forma posso dar vida à vida dele em minha vida. Por exemplo, dando continuidade à capacidade de cuidado que ele tinha. Assim, não há um rompimento, ele segue vivo em mim. Existe a dor? Existe. Mas cuido para que as coisas que aprendi com ele sejam vivenciadas em minha vida, e não apenas em memória. Eu me lembro dele, mas a minha lembrança é a manifestação da vida dele em mim, e não um apego ao que se foi.

QUANTO A ESSA COISA DO APEGO, NUM DOS TEXTOS ESTUDADOS NO ZEN, O MONGE DOGEN ZENJI ESCREVE: "REFLITA SOBRE SUA MENTE COMUM – COMO ESTÁ EGOISTICAMENTE APEGADA À FAMA E AO LUCRO". E ELE CONCLUI COM UMA PERGUNTA CRUA: "VOCÊ SE ATREVE A DIZER QUE NÃO ESTÁ AGINDO DE MANEIRA EQUIVOCADA?". FICO IMAGINANDO SE, DE FATO, UM DIA SERÁ POSSÍVEL ALGUÉM RESPONDER "SIM, ME ATREVO" A ESSA PERGUNTA...

Essa questão é fundamental, pois, de fato, estamos sempre atrás do que ele chama de fama e lucro. Isso ocorre em vários níveis. Pode ser num nível mais grandioso, em que a pessoa quer virar uma estrela da música, do cinema, do futebol; ou busca ter uma fama espiritual, ser um mestre famoso. Mas isso também pode se dar entre amigos ou dentro do próprio lar. É quando, ao se relacionar, o sujeito sempre se pergunta: "Mas o que eu ganho com isso? O que levo em troca? Será que vão me admirar?". Tudo isso são armadilhas que nos desviam do caminho verdadeiro.

O caminho do Buda é aquele em que a pessoa faz o bem e não espera retorno por isso. Como dizia minha mestra no Japão: "Temos que nos tornar uma ponte". E que ponte é essa? É uma ponte que auxilia os outros em sua travessia do mar de sofrimento e ilusão em que estamos mergulhados para o espaço de comunhão e compreensão superior. É como ocorre com uma ponte comum. As pessoas podem passar por cima dela e dizer: "Que beleza de estrutura, muito obrigado"; ou podem cuspir e urinar nela enquanto passam. Mas nada disso importa. A ponte não deixa de ser ponte pelo fato de ser elogiada ou desprezada. Esse é o propósito que devemos ter. Eu não faço algo pelo outro porque ele vai me achar maravilhosa por isso, faço porque é bom fazer, porque é bom ajudar. E isso podemos praticar dia a dia, em cada atitude nossa.

ALIÁS, NO ZEN, ATIVIDADES CORRIQUEIRAS, COMO TRABALHAR, COMER OU MESMO CAMINHAR, SÃO USADAS COMO INSTRUMENTOS DE MEDITAÇÃO. O MESTRE INDIANO OSHO TEM ATÉ UMA FRASE SOBRE ISSO: "SÓ O QUE O ZEN PEDE É QUE VOCÊ VIVA (...) COM ESPONTANEIDADE. E AÍ O MUNDO SE TORNA SAGRADO. O GRANDE MILAGRE DO ZEN ESTÁ NA TRANSFORMAÇÃO DO MUNDANO EM SAGRADO". COMO SE DÁ ESSA RITUALIZAÇÃO DO COTIDIANO?

O Zen não confunde espiritualidade com pensar em Deus enquanto se descascam batatas. A espiritualidade Zen consiste apenas em descascar as batatas. (Alan W. Watts, filósofo americano estudioso das religiões orientais)

Através da presença absoluta. Se você está presente, qualquer lugar se torna um local sagrado; e o que quer que você faça fica carregado de **espiritualidade**, se torna a coisa mais importante que existe, pois é onde está toda a sua vida naquela hora. Por exemplo, nós estamos conversando agora. Isso significa que toda a nossa vida está aqui, agora. Se algum de nós não estivesse presente, pensando no que vai fazer depois, nossa conversa perderia todo o significado, pois estaríamos em outro lugar, e não aqui. E isso vale para tudo na vida. Você não precisa colocar uma música ou sentar em determinada posição para entrar em estado meditativo. Uma simples caminhada, quando é feita com atenção, ouvindo os sons da rua, dos pássaros, se torna uma meditação. Tudo pode se encaixar nesse estado meditativo, que é um estado de atenção plena. Daí, qualquer ação é uma ação maravilhosa.

E, NISSO TUDO, ONDE ENTRA O CAMINHO DO MEIO ENSINADO NO BUDISMO?

O caminho do meio é o que nos permite seguir pela vida sem apegos e, ao mesmo tempo, sem aversões. É a consciência obtida por Buda após ter experimentado dois extremos em sua vida: a opulência de um príncipe e, depois, a renúncia radical de um asceta, que nem comia. E Buda concluiu que tanto o caminho do excesso quanto o da aversão não levam a lugar nenhum, que é preciso trilhar o caminho do meio. E que caminho é esse? É o caminho da **flexibilidade**. Não nego minhas necessidades, mas, ao mesmo tempo, não busco satisfazer todas elas. Meu papel é perceber qual atitude é a mais adequada a cada momento, a cada circunstância.

Há espíritos para os quais falta flexibilidade. (...) Mesmo pressionando com bastante força a broca contra a madeira, não se irá fundo se ela não girar. (August Wilhelm Schlegel, poeta e filósofo alemão)

Isso remete ao que falamos antes, sobre o quanto estamos interligados, de como é importante que cada ação nossa seja uma ação amorosa, que transforme a realidade. Há uma instrução de que gosto muito, parte das regras de São Bento, quando ele diz que é proibido resmungar, mesmo que não seja com a boca, mas só com o coração. Concordo. Afinal, para que ficar resmungando se, por meio da ternura, posso transformar a minha vida e a das pessoas com quem convivo? Diante de situações difíceis, procuro fazer algo que aprendi; eu me pergunto: "Como **Buda** veria essa situação?". A resposta sempre vem sob a forma de mais amorosidade.

Todos os seres, por natureza, são budas, Assim como o gelo, por natureza, é água; Fora da água, não há gelo, Fora dos seres, não há budas. (Trecho de *O Cântico do Zazen*, de Hakuin Zenji, mestre zen-budista japonês)

A SENHORA É PRIMA DE SÉRGIO DIAS E ARNALDO BAPTISTA, QUE INTEGRARAM A BANDA OS MUTANTES, AO LADO DE RITA LEE. NA MÚSICA *BALADA DO LOUCO*, UMA DAS MAIS BELAS DO CONJUNTO, ELES CANTAM: "DIZEM QUE SOU LOUCO POR PENSAR ASSIM / MAS LOUCO É QUEM ME DIZ, E NÃO É FELIZ (...) / EU JURO QUE É MELHOR NÃO SER O NORMAL / SE EU POSSO PENSAR QUE DEUS SOU EU". A SENHORA CANTARIA JUNTO ESSE REFRÃO?

Cantaria, e muito! Nós somos cocriadores do mundo em que vivemos, da nossa realidade. E por que não ser feliz? Por que não optar por um estado de bem-aventurança? Mesmo em meio à dor, podemos encontrar uma grande alegria nesta experiência única que é a vida humana, com as múltiplas vivências por que passamos. O que devemos é acolher toda essa riqueza de experiências sob a ótica que você colocou antes, do aprendizado e do crescimento. Assim, em vez de resmungar pelo fato de as coisas não serem como eu gostaria que fossem, eu as acolho como são. E essa acolhida me dá uma tranquilidade e uma compreensão enormes, para que eu possa agir de forma transformadora. Às vezes, funciona, às vezes, não. Mas, quando não funciona, tentamos de novo. A ideia é esta: cair sete vezes e levantar-se oito!

MELHOR DE TRÊS

O FILÓSOFO FRIEDRICH NIETZSCHE* DIZIA QUE UMA ESPÉCIE DE ORAÇÃO DE CADA PESSOA AO INICIAR O DIA DEVERIA SER UM PENSAMENTO DO TIPO: "HOJE VOU DAR ALEGRIA A ALGUÉM". EM SUA OPINIÃO, QUAL DEVE SER A ORAÇÃO DE CADA PESSOA PARA COMEÇAR O DIA?

Gosto muito do estado de mente no qual me mantenho aberta ao que quer que o dia me traga, no qual vou procurar fazer o meu melhor e despertar esse melhor em cada pessoa que eu encontrar. Temos todos os ingredientes da vida à nossa disposição, não podemos desperdiçar isso, deixar para amanhã, pois não existe amanhã, existe apenas o agora. E é nesse agora que devemos ser o nosso melhor, ser capazes de servir, de ajudar, de cuidar. Assim, uma forma de oração para começar o dia é colocar-se nesse estado de abertura, em que acordo e digo: "O que quer que este novo dia me traga, vou fazer o meu melhor, de forma amorosa, atenta, a mim e ao outro. E, se eu me desviar, vou rapidamente retornar ao meu melhor, que é o sagrado em mim".

O QUE É UMA PESSOA VIRTUOSA?

Uma pessoa virtuosa é aquela que faz o bem pelo bem. Não porque isso vá trazer algum ganho pessoal, mas porque fazer o bem é gostoso, é prazeroso, é o que dá sentido à vida. Tem uma frase do Millôr Fernandes de

---

* *Cf. aforismo 589, em* Humano, Demasiado Humano *(Companhia das Letras)*

que gosto muito, que diz que o maior altruísta é o grande egoísta. Por quê? Porque ele percebeu que, quando faz o bem aos outros, ele mesmo fica bem. O que é verdade. Todas as ações benéficas que fazemos e que elevam as pessoas nos elevam junto. Ou seja, façamos o bem, pelo bem.

ATÉ HOJE, QUAL FOI O SEU MAIOR APRENDIZADO NA VIDA?

Às vezes, quando eu ficava triste, chorando, meu pai se aproximava e dizia: "Lave esse rosto, minha filha. Venha até a janela comigo, olhe para o céu, veja que beleza de imensidão". Sinto que um dos maiores aprendizados que tive foi este: a consciência da imensidão da vida. Foi perceber que não podemos deixar que as situações, por mais difíceis que sejam, acabem nos limitando, definhando, mas, sim, que devemos nos perceber como parte da vida do universo, e o quanto essa vida é imensa, incessante, luminosa.

MESA-REDONDA

José Ângelo Gaiarsa pergunta:

"MONJA COEN, EU A CONHECI AINDA NA ÉPOCA DE SUAS ATIVIDADES POLÍTICAS, ANTES DE SER MONJA. AO LONGO DOS ANOS, NOS VIMOS POR ACASO DUAS OU TRÊS VEZES, E VOCÊ FOI MUITO SIMPÁTICA, TEM UMA INFANTILIDADE RECONQUISTADA. ASSIM, GOSTARIA DE FAZER UMA PERGUNTA PESSOAL, QUE FAÇO COM UM SORRISO ESTAMPADO NO ROSTO: VOCÊ AINDA ME AMA?"

Profundamente, dr. Gaiarsa. O senhor é uma pessoa muito amada, que teve um papel muito importante em minha vida. O senhor é uma dessas pessoas que abrem nossos portais de percepção, que nos ajudam a sair do casulo, das ideias preconcebidas sobre isso ou aquilo, para que nos tornemos seres realmente livres. Isso eu devo ao senhor, uma liberdade de pensamento, de descoberta de mim mesma e do mundo.

PARA SE CONHECER

Site:
www.monjacoen.com.br
Livros:
Sempre Zen, de Monja Coen (Publifolha)
Viva Zen, de Monja Coen (Publifolha)

PROFESSOR HERMÓGENES

O DES-ILUSIONISTA

Em um dos filmes mais poéticos da história, *Um dia, um gato*, dirigido pelo tcheco Vojtech Jasný, a vida de todas as pessoas de um vilarejo é colocada de pernas para o ar com a chegada de um mágico e seu gato ao local. Isso porque o gato, que só fica de óculos escuros, tem poderes mágicos. Quando seus óculos são retirados, as pessoas para quem ele olha mudam de cor de acordo com o caráter e os sentimentos delas: os apaixonados ficam vermelhos; os mentirosos, roxos; os desonestos, cinzas; os infiéis, amarelos; e por aí vai. Ou seja, a dupla de ilusionistas não estava ali para entreter a plateia, mas, sim, para acabar com suas ilusões.

E o mesmo pode ser dito em relação a José Hermógenes de Andrade Filho, o professor Hermógenes, um dos principais difusores da yoga no país. Ao se "encantar", aos 94 anos, em março de 2015, já havia escrito mais de 30 livros, que, tratando de vários temas ligados ao crescimento pessoal, inspiraram milhares de pessoas – já são mais de 500 mil exemplares vendidos no total. Seu encontro com a yoga se deu na década de 1960, quando, por meio da milenar prática indiana, conseguiu superar uma grave doença. Os movimentos e a filosofia que aprendeu foram incorporados numa nova postura existencial, que passou a partilhar com todos.

De humor contagiante, o professor Hermógenes também usava de muita poesia para transmitir seus ensinamentos, sendo apelidado até de "o poeta da espiritualidade". Não à toa, nossa entrevista foi pautada por trechos poéticos escritos por ele – cada pergunta nasce de um poema. "Estou convencido de que existe um poder mágico, curativo, na poesia", diz o professor. Lembrando que mágico, aqui, é alguém que busca acabar com nossas ilusões. "Temos que descobrir o valor da 'des-ilusão'. Na medida em que consigo me 'des-iludir', consigo ser o lago tranquilo de minha própria realidade." Mergulhemos, pois, nesse lago da "des-ilusão".

Sei muito bem do drama dos pássaros a disputar audiência com os grandes ruídos do tráfego. (...) Aí está a massificação que não aceito para poder ser aceito.

JÁ NA EPÍGRAFE DO *MERGULHO NA PAZ*, O SENHOR FALA DESSA DISPUTA POR AUDIÊNCIA E DO RECEIO DIANTE DA RECEPÇÃO QUE O LIVRO TERIA. EM QUE MEDIDA ESSA PREOCUPAÇÃO COM A OPINIÃO DOS OUTROS, SE SEREMOS OU NÃO ACEITOS POR ELES, IMPEDE A PRÓPRIA ACEITAÇÃO DE NÓS MESMOS?

A aceitação é uma atitude que precisamos ter em relação à vida, ao universo, à realidade. A não aceitação de si mesmo é um dos sintomas de uma doença que os médicos não chegaram ainda a diagnosticar, mas que eu caracterizo como "normose", a doença de ser normal. Como diz o título de um documentário que fizeram sobre mim: *Deus me livre de ser normal*! Pois, na dita normalidade em que vivemos, somos constantemente alimentados pelo que nos aliena de nós mesmos. Com isso, perdemos a plena noção das coisas, do sentido de nossa vida, deixando que o mundo interfira muito mais do que deveria. Se não tenho plena aceitação de mim mesmo, passo a vida procurando a felicidade fora de mim. Então, acontece isso, os pássaros não conseguem se fazer escutar, e a beleza fica soterrada por todo o ruído do tráfego. A atitude de aceitação que busco manter perante a vida pode ser resumida numa frase, que sempre repito a mim mesmo: "Entrego, confio, aceito e agradeço".

Quando o diamante e o carvão, salvos da ilusão em que vivem, descobrirem que, em realidade, um não é mais do que o outro, nem mesmo diferente do outro, pois são a mesma coisa – o carbono –, então deixará de existir injustiça do primeiro contra o segundo e a revolta deste contra aquele.

COMO SUPERAR ESSE VÍCIO QUE IMPERA ENTRE NÓS, DE NOS ACHARMOS SEMPRE MELHORES OU PIORES QUE O OUTRO?

Nós só vamos superar essa ilusão de nos sentirmos superiores ou inferiores ao outro quando começarmos a vencer a doença de que falei antes, a "normose".

Porque isso é que é considerado normal, a pessoa se colocar na vida medindo a sua estatura pela do outro. Uma normalidade que nunca esteve tão distante da verdade. Pois não há distinção alguma entre qualquer ser humano. Por exemplo, você e eu, nós dois não somos dois, somos um só. Pode soar absurdo, mas é a realidade. Se há uma verdade que pode ser expressa com total convicção, é esta: você não é diferente de mim, a não ser na forma e no nome, pois, na essência, eu sou o que você é, nós somos **uma** essência. Dessa forma, se estou consciente disso, não tenho que me comparar com ninguém, assim como não tenho que ferir ninguém, ou me humilhar diante de ninguém. O que tenho que fazer, isto sim, é viver esta grande verdade: não há distinção entre nós, somos um só. É essa consciência que viabiliza o amor, que permite superar o vício da separação.

Contempla apenas Uma em todas as coisas: a segunda é que te extravia. (Kabir, poeta místico reverenciado por sufis e hindus)

Quero, quando te ajudar, sentir-me ajudando-me,
sentir-me como se fosse tu mesmo. (...)
Que sejam todos venturosos,
Pois o sorriso do próximo,
Lança luz em minha alma.

Para quem vê tudo em Mim, Vendo-Me também em tudo, Eu nunca fico perdido Nem se perde ele de Mim. (Trecho do *Bhagavad Gita*, um dos textos clássicos do hinduísmo, parte do poema épico *Mahabharata*)

MAS, SE JÁ É DIFÍCIL VIVER ESSA VERDADE COM AS PESSOAS PRÓXIMAS DE NÓS, QUANDO ESTAMOS DIANTE DE UM ESTRANHO, NA RUA, AÍ SIM A COISA COMPLICA...

Sim, é mais difícil ainda reconhecer nesse estranho um irmão, mais que isso, enxergá-lo como um prolongamento de **mim** mesmo. Novamente, não é fácil, mas é a única solução. Temos que empenhar a vida para descobrir essa verdade em nós. Uma verdade que não se alcança pelos caminhos anódinos, medíocres. Essa é uma verdade entranhada, só alcançada quando a gente consegue penetrar na nossa realidade mais profunda. Aí, então, posso descobrir quem eu sou. Posso compreender que eu não *sou* Hermógenes, eu *estou* Hermógenes. Isso exige um enorme trabalho com o próprio ego, que imagina poder alcançar a felicidade sendo indiferente à felicidade do outro. Esse trabalho é a religião verdadeira.

Eu ia sozinho e calado (...) ia tão silente e receptivo que acho que ouvi uma estrela dizendo a uma poça d'água da rua:
— Está bem. Eu fico contigo, sim. Mas só enquanto tu estiveres assim, tranquila.

E COMO PENETRAR EM NOSSA REALIDADE INTERNA MAIS PROFUNDA, NESSE ESPAÇO DE TRANQUILIDADE INTERIOR?

Para penetrar nesse espaço, é preciso muita disciplina, muita persistência, muita perseverança. Como eu disse antes, dá um **trabalho** danado. O método para alcançar esse objetivo tão profundo é estar atento a cada passo no caminho, é aproveitar cada momento do dia, cada segundo em que andamos na rua, no meio da multidão, para exercitar essa verdade.

Que ninguém se engane, só consigo a simplicidade através de muito trabalho. (Clarice Lispector)

Jogaram uma pedra na tranquilidade do lago.
O lago comeu-a.
Sorriu ondulações e...
ficou novamente tranquilo.

COMO MANTER A TRANQUILIDADE DIANTE DAS OFENSAS QUE, ÀS VEZES, NOS CHEGAM DOS OUTROS OU DA PROFUSÃO DE EVENTOS DEPLORÁVEIS MOSTRADOS DIARIAMENTE PELA MÍDIA?

Pois é, esse é mais um problema que cada um tem que resolver. A resposta é autoconhecimento. Por meio do autoconhecimento, percebemos que não há uma só coisa que não possa ser aproveitada. Como manter a serenidade diante das pedras que são jogadas no lago de nossa tranquilidade? Não reagindo. Basta não reagir. Quem sou eu? Quem está sendo ferido por isso? Feitas essas perguntas, a pessoa percebe que, no fundo, ela só está procurando defender essa grande ilusão que ela é. Temos que descobrir o valor da "des-ilusão". Iludido, sou reativo. Na medida em que consigo me "des-iludir", consigo ser o lago tranquilo de minha própria realidade. Isso não é para já, não é para agora, mas é para sempre.

Naquele tempo não conseguia ver a graça de Deus manifestando-se naquilo que eu, ignorante, quase pensava ser desgraça.

AINDA EM RELAÇÃO AOS EVENTOS DOLOROSOS QUE CHEGAM ATÉ NÓS, COMO VER A VONTADE DE DEUS POR TRÁS DESSE TIPO DE OCORRÊNCIAS, QUE, EM GERAL, ENXERGAMOS COMO DESGRAÇAS?

Nossa visão equivocada desse tipo de eventos é fruto da imagem também equivocada que se faz de Deus, que Ele está aí para nos castigar, para nos oprimir.

Isso é algo profundamente arraigado na religiosidade popular, mas que não corresponde à realidade. Pois Deus não agrada, não desagrada, não se vinga, não corrige, não elege – Deus testemunha. Ele é a testemunha silenciosa. A dor não é afiliada de Deus, porque Deus é o perdão, a graça. E você pode me perguntar: "Mas onde é que eu encontro esse Deus?". Aí, dentro de você mesmo. Se nós sofremos hoje, é pelo que preparamos ontem; e se hoje nós gozamos, é pelo que preparamos antes também. Do mesmo modo, tudo aquilo que eu fizer hoje vai preparar o meu futuro. Sou eu que crio a minha realidade. Essa consciência nos aproxima de nossa própria responsabilidade. Sou eu, com minhas ações, meu modo de ser, meu modo de viver, que crio o meu destino.

Faça Yoga para ser melhor para os outros e não melhor que os outros.

EM QUE SENTIDO A YOGA PODE SER UM VEÍCULO PARA ESSE RECONHECIMENTO DE SI MESMO, DO ENCONTRO COM DEUS?

É uma questão de você empenhar a sua inteligência na busca, aprendendo um pouco aqui, aprendendo mais um pouco ali. Yoga é aquilo que se trabalha interiormente, não é uma questão de se ficar virado de cabeça para baixo. Yoga é com você, é o que você está descobrindo da vida em você mesmo, com Deus, um caminho da ignorância à sabedoria, pois, se eu conseguir me libertar da ilusão, a solução já está aí, e é independente de se ficar de cabeça para baixo ou não. Por exemplo, você já viu alguma fotografia da Madre Teresa de Calcutá de ponta-cabeça? Já imaginou São

Francisco dando nó no próprio corpo? Pois é... Eu mesmo, atualmente, estou interessado em me desvencilhar da imagem deste Hermógenes que a vida impingiu em mim.

Em meu corpo está escrito um endereço que, por prudência, todos os dias me lembro de reler – chão.

NESSE SENTIDO, COMO A CONSCIÊNCIA DA MORTE PODE SER UM INSTRUMENTO DE AFIRMAÇÃO DA VIDA?

Sempre que me perguntam "O senhor é de onde?", respondo que *meu corpo* nasceu em Natal. É como eu disse antes, tenho que aprender a me "des-iludir", e isso vale também em relação a pensar que eu sou o meu corpo, que meu corpo é a minha realidade. Isso é uma ilusão. O **corpo** é um instrumento para ver com mais clareza a realidade, um veículo para se chegar a uma sabedoria maior.

O corpo é o primeiro estudante da alma. (Henry D. Thoreau, escritor e filósofo americano)

AINDA NO CAMPO DO CHÃO, QUAL É A IMPORTÂNCIA DE SE MANTER O PÉ NO CHÃO, DE COLOCAR EM PRÁTICA OS CONHECIMENTOS ESPIRITUAIS, PARA QUE ELES NÃO SEJAM MERAS ABSTRAÇÕES?

Sua pergunta já é a própria resposta. Só há uma solução para esta questão: é colocar em prática. Não interessa se alguém se acha uma pessoa boa ou ruim. O julgamento que ela faz de si mesma é um julgamento condicionado. Novamente, tudo pura ilusão. Na medida em que a pessoa se entrega a práticas espirituais, ela vai se libertando dessa ilusão. E na medida em que esse processo de "des-ilusão" avança, a pessoa vai rompendo as fronteiras da vida medíocre que, até então, vinha levando.

Esta lista negra dos males que fizeste de nada te serve.
Organiza, isto sim, e agora, uma outra – a lista dos benefícios que deves fazer.

NO LIVRO *FILOSOFIA PERENE*, O ESCRITOR INGLÊS ALDOUS HUXLEY ATÉ COMENTA SOBRE COMO ESSA AUTOCONDENAÇÃO É UM OBSTÁCULO PARA A MUDANÇA: "A AUTOCENSURA É DOLOROSA; MAS A PRÓPRIA DOR É UMA PROVA TRANQUILIZADORA DE QUE O EU AINDA ESTÁ INTACTO; ENQUANTO A ATENÇÃO ESTIVER FIXA NO EU DELINQUENTE, NÃO PODE ESTAR FIXA EM DEUS, E O EGO (QUE VIVE DA ATENÇÃO E SÓ MORRE QUANDO ESSE ALIMENTO LHE É NEGADO) NÃO PODE DISSOLVER-SE NA LUZ DIVINA". NESSE SENTIDO, COMO LIDAR COM OS MALES QUE PRATICAMOS, MESMO QUE INVOLUNTARIAMENTE?

Por meio do arrependimento. Esta é a saída: arrependa-se. E de forma serena, corajosa, sem severidade, mas também sem complacência consigo mesmo, reconheça seus defeitos. Nesse processo de reconhecimento, é importante, sobretudo, a pessoa não fazer nenhum julgamento do outro. Como ensina o mestre indiano Sathya Sai Baba: "Não procure os defeitos dos outros, procure os seus próprios defeitos". É uma questão de utilidade. Descobrir os próprios defeitos é útil para você mesmo; descobrir os defeitos dos outros não tem utilidade para ninguém. Agora, uma vez descobertos os nossos defeitos, é preciso se arrepender. Com isso, criamos espaço para esta grande verdade: você é o outro. De novo, essa é a verdade.

Temer a dor é covardia.
Tentar fugir, tolice.
Fazê-la aos outros, sadismo.
Alimentá-la em si mesmo, masoquismo.
Revoltar-se, imprudência.
Compreendê-la, amaciá-la em aceitação é sabedoria, fortaleza, redenção.

E QUAL É O PAPEL DO SOFRIMENTO, DAS ADVERSIDADES EM NOSSO PROCESSO DE CRESCIMENTO?

Enquanto a pessoa estiver entretida no cordão de carnaval, não adianta nenhum pregador, nenhum mestre tentar chamá-la para despertar. Quando ela está gozando, satisfeita, acha que tudo é felicidade. Mas isso não é felicidade, é pura ilusão. Alguém pode estar num momento de muita euforia, muita alegria, muita conquista, e se iludir com isso. O prazer funciona como um grilhão. Nesse sentido, o sofrimento é como um chamado para o despertar. Quando a pessoa finalmente confronta sua própria dor, chega, então, a hora de se voltar para Deus.

Não tentes ajudar o pardalzinho a achar, a suspender e a carregar a palhinha para construir o ninho.

A luta, os riscos e os sacrifícios são seus sagrados deveres perante o Amor.
Deixa-o.
Deixa que o próprio Amor construa o ninho.

E QUANDO A DOR AMEAÇA ATINGIR ALGUÉM QUE AMAMOS? POR EXEMPLO, QUAL DEVE SER O PAPEL DOS PAIS EM RELAÇÃO AOS FILHOS? COMO ENCONTRAR O EQUILÍBRIO ENTRE O ZELO NATURAL, QUE PROTEGE O FILHO DE UM PERIGO REAL, E O ZELO SUPERPROTETOR, QUE BUSCA RESGUARDÁ-LO DAS AGRURAS INERENTES A SEU PRÓPRIO CRESCIMENTO?

Esse é um desafio que todos os pais têm. E a maneira como vão resolvê-lo depende exclusivamente do estado de consciência deles. Não há uma resposta, um manual que sirva para todos. De minha própria experiência, só posso dizer que, se um **filho** está sofrendo, esqueça as Escrituras, esqueça os Vedas, esqueça tudo – dê lugar ao amor.

JÁ QUE FALAMOS DOS FILHOS, E LEMBRANDO A PARÁBOLA DO FILHO PRÓDIGO, O SENHOR ESCREVEU UM LIVRO CHAMADO *SETAS NO CAMINHO DE VOLTA*. E UMA IMAGEM RECORRENTE, TANTO NAS TRADIÇÕES ESPIRITUALISTAS QUANTO NA ARTE, É A DO RETORNO AO LAR, DA VOLTA PARA CASA. O SENHOR PODE FALAR SOBRE ESSA IMAGEM?

Isso retoma o que conversamos antes, sobre o papel do sofrimento em nossa vida. Enquanto estamos satisfeitos, inebriados com o mundo, não procuramos o

Seus filhos não são seus filhos. Mas sim filhos e filhas do anseio da Vida por ela mesma. Eles vêm por meio de vocês, mas não provêm de vocês. E embora estejam com vocês, não lhes pertencem. (...) não busquem moldá-los à sua própria imagem, pois a vida não retrocede, nem se demora no ontem. Vocês são os arcos dos quais seus filhos são lançados como flechas vivas. O Arqueiro divisa o alvo na trilha do infinito, e retesa o arco com todo Seu poder para que Suas flechas possam seguir rápidas e voar longe. Aceita com alegria que a mão do Arqueiro te molde. Pois da mesma forma que ele ama a flecha que voa, ama também o arco que fica.
(Trecho de *O Profeta*, de Khalil Gibran)

Fui abrindo a porta devagar
Mas deixei a luz entrar primeiro
Todo meu passado iluminei
E entrei
(...)
Eu voltei, agora pra ficar
Porque aqui, aqui é meu lugar
Eu voltei pras coisas que eu deixei
Eu voltei
(Trecho de *O Portão*, de Roberto Carlos e Erasmo Carlos)

caminho de **volta** à nossa verdadeira essência. Entretanto, se a dor, se a necessidade tomarem conta de mim, então eu começo a buscar uma solução. Assim, primeiramente é preciso a confrontação da dor para que alguém possa retomar seu caminho de volta. É necessário que ocorra o que os filósofos gregos chamavam de metanoia, uma mudança essencial na mente, no pensamento. Se a metanoia não tivesse acontecido, o filho pródigo estaria caminhando até hoje...

Feliz sou eu,
eu que tenho o amor de Maria.
Que te posso dar, querida?
Quero que saibas
de minha vontade de te dar,
neste e em todos os dias.
Que sobrou para te dar,
se já te dei
o que sou e serei,
se já te dei o que fui?
Finalmente,
que posso te dar,
se já sou tu?

E QUAL É O SIGNIFICADO DA UNIÃO AMOROSA, DA RELAÇÃO A DOIS NESSE CAMINHO DE VOLTA À ESSÊNCIA DE CADA UM?

Um ponto importante em relação a isso é que os dois tenham o mesmo nível de consciência. Dessa forma, a metanoia alcançará não somente um, mas os dois, e o caminho de volta de ambos será percorrido com um ajudando o outro, um amando o outro, um se identificando com o outro. Agora, por nível de consciência não estou me referindo à quantidade de conhecimento de cada um, à quantidade de livros que leu, mas, sim, a um nível interno de consciência, ligado ao coração.

O grande erro tem sido perguntar ao homem o que Deus é, em vez de pedirmos a Deus que Se desvele, e nos diga Aquilo que o homem é.

DE QUE MODO AS EXPERIÊNCIAS POR QUE O SENHOR PASSOU SERVIRAM PARA A SUA DESCOBERTA DE SI MESMO E DE DEUS?

Uma experiência marcante, por exemplo, que me ensinou sobre a entrega a Deus, aconteceu quando eu tinha cerca de dez anos de idade. Eu estava na parte rasa do mar, com outros amiguinhos, quando uma onda enorme me arrastou, e eu, que não sabia nadar, comecei a afundar. Foi então que me lembrei do que meu pai havia me dito: "Diante de qualquer dificuldade, apele a Deus, se entregue a Deus". Na hora, eu comecei a botar em prática a confiança em Deus. De repente, um rapaz desconhecido veio nadando em minha direção, tendo o cuidado de dizer: "Não procure me ajudar, fique tranquilo, quieto". E eu me entreguei. Totalmente entregue, confiante, logo eu já estava na praia. A grande realidade é que, muitas vezes, acabamos atrapalhando a ação de Deus, que é o nosso Salvador, pela ansiedade, pelo medo, pela irritação, pelo estresse, pelo exagerado amor a si, a algo que está fadado a se perder. O ser humano quer eternizar o transitório. Resultado? Quebra a cara...

Aquietai-vos e sabei que eu sou Deus!
(Salmos 46,10)

NO PREFÁCIO DA ANTOLOGIA QUE ORGANIZOU DOS ESCRITOS DE SATHYA SAI BABA, O SENHOR CITA ESTE SALMO BÍBLICO COMO SENDO UM DOS TEXTOS QUE MAIS TEM LHE GUIADO E FORTALECIDO AO LONGO DA VIDA. PODE FALAR DO SENTIDO DESSE SALMO PARA O SENHOR?

É basicamente o que aconteceu naquela hora em que eu estava me afogando: para ser salvo, precisei me aquietar. Numa situação de crise, se estou quieto, tranquilo, me torno muito mais "salvável" do que se eu ficar me debatendo. Essa entrega, essa quietude é que vai permitir, um dia, alcançarmos esta grande misericórdia, este resultado fantástico, que é a consciência de que "eu sou Deus". Daí, eu não quero mais nada, não existe mais essa história de atirar uma pedra na tranquilidade do lago, nada disso – estou sossegado, em **quietude**.

Quieto; muito quieto é que a gente chama o amor: como em quieto as coisas chamam a gente. (João Guimarães Rosa, em *Grande Sertão: Veredas*)

NOSSA ENTREVISTA FOI PAUTADA POR POEMAS DO SENHOR. QUE TAL RECITAR MAIS UM AGORA?

Olha, estou longe de ser um poeta de verdade, mas vamos lá: "Enquanto caía, pensava o pingo de chuva: que me importa deixar o céu, se estou indo fertilizar a terra?".

MELHOR DE TRÊS

O FILÓSOFO FRIEDRICH NIETZSCHE DIZIA QUE UMA ESPÉCIE DE ORAÇÃO DE CADA PESSOA AO INICIAR O DIA DEVERIA SER UM PENSAMENTO DO TIPO "HOJE VOU DAR ALEGRIA A ALGUÉM". EM SUA OPINIÃO, QUAL DEVE SER A ORAÇÃO DE CADA PESSOA PARA COMEÇAR O DIA?

A oração de minha vida: "Entrego, confio, aceito e agradeço".

O QUE É UMA PESSOA VIRTUOSA?

Uma pessoa virtuosa é uma pessoa humilde, renunciante, doadora, amorosa – virtudes que ainda espero ver brotar em minha vida.

ATÉ HOJE, QUAL FOI O SEU MAIOR APRENDIZADO NA VIDA?

Se há algo que trago como um dos grandes aprendizados na vida é isto: o sentimento de bastante. Por meio do sentimento de bastante, consigo me desapegar, consigo renunciar aos prazeres e às dores do mundo, consigo chegar a algo que os hindus chamam de *vairagya*, a verdadeira renúncia. Não há dor que possa alcançar uma pessoa desapegada e, mesmo que a alcance, não a fere. Desapegado, renunciante, estou protegido. O renunciante está salvo, é alguém que está pronto para ouvir Deus dizer: "Eu sou Deus".

MESA-REDONDA

Alex Polari pergunta:

"EU ESTIVE RECENTEMENTE NA ÍNDIA, ONDE ME LEMBREI COM CARINHO DO SENHOR, POR QUEM TENHO GRANDE ADMIRAÇÃO. NESSE SENTIDO, GOSTARIA QUE FALASSE UM POUCO SOBRE SUA LIGAÇÃO COM SATHYA SAI BABA E DA IMPORTÂNCIA DOS ENSINAMENTOS E DO TRABALHO DELE."

Fico feliz com a lembrança, mas, quanto à minha relação com Sai Baba e à importância de sua obra e de seus ensinamentos, não tem como eu resumir. Meu conhecimento de Sai Baba não se dá através do raciocínio, mas é um conhecimento que nasce da vivência, da experiência, da prática. Todos os dias, busco praticar o que ele me ensinou, não recorrendo a ele para fazer pedidos ou o que seja. Procuro apenas isto: colocar em prática aquilo que aprendi.

PARA SE CONHECER

Site:

www.hermogenesyoga.com.br

Livros:

Autoperfeição com Hatha Yoga, de José Hermógenes (Nova Era)

Mergulho na Paz, de José Hermógenes (Nova Era)

DIVALDO FRANCO

O OBREIRO DOS ESPÍRITOS

Autor do clássico *A Divina Comédia*, o poeta italiano Dante Alighieri conhecia profundamente a alma humana, como se vê neste texto: "Que sentimento faz nascer, em vós, a visão do Coliseu? (...) Suas vastas e belas proporções lembram todo um mundo de grandeza; mas sua decrepitude invariavelmente leva o pensamento para a fragilidade das coisas humanas. Tudo passa; e os monumentos, que pareciam desafiar o tempo, se desmoronam, como para provar que só as obras de Deus são duráveis. (...) O solo que treme à tua volta não está a te advertir que teu berço, que se acha sob teus pés, pode tornar-se o teu túmulo?". Sim, mas, se o conteúdo impressiona, um detalhe aumenta o assombro: publicado numa revista espírita, em 1861, esse texto teria sido escrito pelo espírito de Dante por intermédio de um médium, mais de 500 anos após a morte do poeta!

Para muita gente, contudo, o fato não tem nada de excepcional. É o caso do médium baiano Divaldo Pereira Franco, que há décadas é um dos principais nomes do espiritismo no mundo, conhecendo a fundo o universo da comunicação com o além. Sua história começou a tomar corpo em 1947, quando, aos 20 anos, fundou o Centro Espírita Caminho da Redenção, em Salvador. Logo, iniciou sua abundante empreitada psicográfica, como são chamados os textos ditados por espíritos a um médium. Até hoje, Divaldo publicou mais de 200 livros, com mensagens assinadas por diversas entidades, como o espírito de **Joanna de Ângelis**, sua mentora. No total, foram mais de 8 milhões de exemplares vendidos no mundo, em vários idiomas, sendo toda a renda revertida para os serviços assistenciais da Mansão do Caminho, instituição fundada por ele em 1952, a qual presta atendimento diário a mais de 3 mil jovens carentes.

Pseudônimo de Joanna Angélica de Jesus, abadessa do Convento da Lapa, em Salvador (BA). Foi morta em 1822 por soldados portugueses que invadiram o convento atrás de rebeldes que lutavam pela independência do Brasil.

Incansável – já proferiu mais de 13 mil conferências em todo o mundo –, Divaldo, aos 89 anos, garante que ainda tem muito a fazer: "A esta altura da vida, considero que a morte esqueceu-se de mim, o que, aliás, muito me agrada. Embora saiba que a desencarnação é amiga inseparável de todo ser, esforço-me para prolongar meus dias de atividade, de modo que não conduza tristezas ou frustrações, nem deixe labores que não foram concluídos por indiferença ou comodidade".

HÁ DÉCADAS O SENHOR É UM DOS PRINCIPAIS NOMES DA DOUTRINA ESPÍRITA NO MUNDO. COMO FOI A DESCOBERTA DE SUA CAPACIDADE MEDIÚNICA?

Eu tinha cerca de quatro anos de idade quando, certa manhã, uma senhora entrou em nossa casa e pediu que eu chamasse minha mãe. Automaticamente, eu a chamei. Só que, quando ela se aproximou e não viu ninguém, foi logo me repreendendo e voltou à cozinha. Mas a senhora insistiu: "Diga a ela que sou sua avó, Maria Senhorinha". Então, quando disse que a tal senhora era a minha avó, minha mãe foi tomada de espanto, pois nunca havia pronunciado para mim o nome de sua mãe – que desencarnara durante o parto de que ela nascera. A partir daí, comecei a contatar os espíritos desencarnados.

E COMO DEVE SER A FORMAÇÃO DE UM MÉDIUM?

A preparação de um médium – assim como a de um doutrinador que orienta os espíritos que se manifestam – deve ser realizada mediante o conhecimento profundo da doutrina espírita, por meio de um estudo consciente e contínuo. Isso envolve um trabalho disciplinado por parte do aprendiz, para que ele obtenha seu aprimoramento moral, lapidando sua conduta pessoal e compreendendo que a função primeira da existência humana é amar, a fim de servir com maior eficiência ao próximo. Além disso, o médium deve estar sempre atento a que seu compromisso espiritual seja caracterizado pela gratuidade, conforme disse Jesus: "Dar de graça o que de graça recebe".

MAS COMO DISCERNIR SE UM MÉDIUM ESTÁ REALMENTE TENDO CONTATO GENUÍNO COM UM GUIA ESPIRITUAL OU APENAS SENDO ALVO DE AUTOSSUGESTÃO?

Há várias maneiras. Primeiramente, por meio de uma análise cuidadosa dos recursos intelectuais do médium. Comparando-os com os conteúdos das mensagens de

Todo livro que vale a pena ser relido foi escrito pelo Espírito. (Jorge Luis Borges, escritor argentino)

que se faz portador, torna-se possível uma avaliação correta a respeito da procedência do contato: se é do inconsciente do sensitivo; se é por telepatia, consciente ou não; ou se é ditado por um **espírito**. Além disso, as próprias mensagens fornecem pistas. Por exemplo: no caso das psicografias (mensagens escritas), podem-se examinar as características de estilo; quanto aos fenômenos psicofônicos (mensagens verbais), avalia-se o tom de voz do médium. Além disso, como medida preventiva, evita-se fornecer ao médium dados sobre a entidade com quem se deseja comunicar, não citando nomes ou datas, dificultando, assim, a fraude ou a fixação inconsciente dessas informações pelo médium. É preciso ainda se atentar ao caráter moral do intermediário, pois sabemos que a árvore má não produz bom fruto. Por fim, deve-se ter sempre em mente o total desinteresse financeiro do médium, preservando-se, em qualquer circunstância, a doação voluntária do servir.

E COMO UM MÉDIUM SÉRIO PODE EVITAR A ARMADILHA DE MISTIFICAÇÕES, DO FASCÍNIO PELA EXIBIÇÃO VAIDOSA DE SEUS "DOTES ESPIRITUAIS"?

O mais eficiente antídoto contra esse tipo de mistificações, ao lado da oração e da vigilância, é o exercício da caridade. No desempenho dessa virtude, o indivíduo confronta-se com suas próprias limitações, com a fragilidade emocional e moral de que se encontra investido. E o resultado direto disso é a adoção de uma humildade legítima, num empenho por auxiliar o próximo e iluminar-se, sem qualquer jactância nem melindres ou ideias falsas de que é proprietário de dons que, em verdade, não possui. Quanto mais a pessoa se afadiga na prática do bem, mais resistência adquire para evitar as obsessões espirituais e a auto-obsessão decorrente da fascinação pessoal.

COMO O SENHOR LIDA COM ALGUMAS ACUSAÇÕES DE CHARLATANISMO QUE POR VEZES SÃO PROFERIDAS CONTRA OS ESPÍRITAS?

Na vivência com os bons espíritos, amadureci o conceito de liberdade, aprendendo a conceder aos demais o direito de serem conforme lhes apraz. Desse modo, acho natural que ocorram acusações diversas contra o Espiritismo. Minha preocupação, assim como a de todos os espíritas, é que nossas vidas sejam exemplos que desmintam totalmente essas críticas. No mais, sabemos que esse tipo de fenômeno é comum e ocorre também em relação a outras doutrinas e movimentos que surgem na sociedade. O Espiritismo, conforme a codificação kardequiana, é uma doutrina jovem, com pouco mais de 150 anos. O filósofo alemão Friedrich Nietzsche afirmou que toda ideia nova passa por três fases: de início é combatida tenazmente, depois é ridicularizada e, por fim, é aceita. Penso que, em alguns meios, o movimento espírita está na segunda fase dessa análise de Nietzsche.

BOM, MAS COMO MOSTRA O SUCESSO ABSOLUTO DE FILMES COMO *CHICO XAVIER* E *NOSSO LAR*, ALÉM DA GRANDE VENDAGEM DE LIVROS ESPÍRITAS, NO GERAL, PODEMOS DIZER QUE A DOUTRINA ESPÍRITA JÁ ESTÁ NA TERCEIRA FASE, SENDO ACEITA PLENAMENTE. NESSE SENTIDO, QUAL É SUA AVALIAÇÃO DO ESPIRITISMO APÓS A MORTE DE CHICO XAVIER?

É óbvio que a desencarnação do venerando apóstolo da mediunidade Francisco Cândido Xavier deixou uma grande lacuna no movimento espírita. Mas o Espiritismo não depende de uma única pessoa, por mais respeitável que seja. Após o choque emocional e a saudade do nobre amigo Chico Xavier, as atividades prosseguem em crescimento, em face também da certeza de que, na condição de espírito livre da indumentária orgânica, ele segue cooperando com os trabalhadores que permanecem na retaguarda carnal desta **vida**. Há incontáveis cultivadores da vivência do Espiritismo, uns conhecidos, outros anônimos, mas todos sempre a serviço de Jesus.

A vida, como a fizeres, estará contigo em qualquer parte. (Chico Xavier)

UM CONCEITO CENTRAL DA DOUTRINA ESPÍRITA É O DA REENCARNAÇÃO, QUE, POR SUA VEZ, SE BASEIA NA IDEIA, EXPRESSA EM VÁRIAS TRADIÇÕES, DE QUE O QUE SE PLANTA SE COLHE. PARA MUITOS, ESSA CONCEPÇÃO É IMPORTANTE, POIS NOS EDUCARIA SOBRE A RESPONSABILIDADE POR NOSSOS ATOS. MAS, PARA OUTROS, ELA SOA UM POUCO DETERMINISTA, COMO SE NOSSO DESTINO JÁ ESTIVESSE TRAÇADO, INDEPENDENTEMENTE DO QUE FIZERMOS HOJE. QUAL É A SUA OPINIÃO?

Há de se reconhecer, aos poucos, que aquilo a que chamamos destino sai de dentro dos homens, em vez de entrar neles. (Rainer Maria Rilke, poeta austro-alemão)

A reencarnação, na visão espírita, não tem caráter determinista, mas está ligada à Lei de Causa e Efeito, o que equivale a dizer que o indivíduo é o semeador do seu **destino**. De acordo com suas ações, ele programa os resultados delas decorrentes. Contudo, ele pode, sim, redimir os erros praticados no passado mediante os atos de amor e caridade que venha a realizar hoje. Isso tudo depende de seu livre-arbítrio. Tendo consciência desse conceito, ninguém prejudica a outrem. A pessoa sabe que, ao se entregar a uma vida e atos dignos, ela tem a capacidade de anular as consequências negativas das ações que, no fundo, foram danosas para ela mesma. O destino final desse processo é sempre a conquista do Bem, da plenitude. Esse é o objetivo de nossa existência, algo que depende somente de nós.

A REENCARNAÇÃO TAMBÉM É UM DOS FUNDAMENTOS DO HINDUÍSMO. MAS, NA ÍNDIA, NEM TODOS COMUNGAM DA MESMA VISÃO SOBRE O TEMA. O GURU RAMANA MAHARSHI, POR EXEMPLO, QUANDO PERGUNTADO PARA ONDE IRIA APÓS SUA MORTE, RESPONDEU: "IREI PARA ONDE SEMPRE ESTIVE". OU SEJA, ELE NÃO FALOU DE REENCARNAR, MAS DE ACESSAR UM ESTADO INTERIOR QUE JÁ ESTARIA PRESENTE, ALÉM DO CICLO DE CAUSAS E EFEITOS. SERIA ESSE ESTADO QUE, EM ÚLTIMA INSTÂNCIA, DEVEMOS BUSCAR EM NÓS?

A noção de reencarnação indiana difere da visão espírita ao estabelecer a necessidade de pagar-se o mal que se fez – a chamada lei do carma – a fim de alcançar o bem que lhe está destinado – a lei do darma. O conceito de Ramana Maharshi é belo e transcendente, facultando-nos afirmar que todos "estamos onde sempre estivemos", que é no amor de Deus, nele mergulhados, embora em estágios diferentes. No meu entender, esse resultado positivo se dá através do processo da reencarnação, a não ser que o Espírito consiga superar-se em curtíssimo espaço de tempo, atingindo a plenitude sem a necessidade de reencarnar.

APROVEITANDO QUE FALAMOS DA ÍNDIA, GOSTARIA DE TRAZER UM TEXTO DE UM AMIGO SEU, O PROFESSOR HERMÓGENES, QUE COMENTOU COMIGO TER FEITO UMA VIAGEM ATÉ AQUELE PAÍS COM O SENHOR:

ATIRANDO MOEDA AO MENDIGO, PENSAVA UM HOMEM:
— COM ISTO, AFASTO DO MEU DESTINO VIR A SER IGUAL A ELE.
ERA UM COVARDE.
OUTRO DEU A ESMOLA, CONVENCIDO DE QUE "DAR AOS POBRES É EMPRESTAR A DEUS".
ERA UM MERCENÁRIO.
UM HOMEM AJUDOU O MENDIGO PORQUE VIA NA ESMOLA, NO MENDIGO, NO ATO DE DAR E EM SI MESMO O PRÓPRIO SER SUPREMO.
ERA UM SANTO.

NESSE SENTIDO, QUE CUIDADO DEVEMOS TER PARA NÃO TRANSFORMAR A CARIDADE NUM MERO FILANTROPISMO ESCAPISTA OU EM MOEDA DE TROCA COM O SAGRADO?

Cada palavra é uma palavra de conjuro. Qual espírito chama – um tal aparece. (Novalis, filósofo e poeta alemão)

A caridade significa a materialização do conhecimento espiritual libertador, que é transformado em socorro ao próximo. Virtude, por excelência, é o caminho de iluminação das pessoas, abrindo horizontes amplos de amor e de fraternidade. Foi justamente por essa razão que Allan Kardec afirmou: "Fora da caridade não há salvação". O sentido da **palavra** "salvação", nesse contexto, é mais amplo do que o tradicional conceito que se lhe atribui como a conquista do reino dos céus após a desencarnação. Engloba, ainda, um estado de harmonia e de superação do egoísmo que promove o ser a um estágio superior da vida. A caridade é uma autoconquista que leva à libertação das paixões inferiores. Porém, é preciso estar claro que o ato de dar coisas, sejam elas quais forem, nem sempre representa um ato de caridade. Aliás, isso está muito bem expresso na narrativa que você citou. O ato mais caridoso é sempre o da autoiluminação, do desapego em relação a si mesmo e ao próximo, da educação, do perdão e da misericórdia para com todos.

O SENHOR CONTA QUE UMA DAS MENSAGENS QUE LHE FORAM TRANSMITIDAS PELO ESPÍRITO DE JOANNA DE ÂNGELIS É UMA PARÁBOLA SOBRE UM ESPELHO FRAGMENTADO NO QUAL DEUS SE REFLETIRIA NA TERRA PARA OS HOMENS. QUAL É O SIGNIFICADO DESSA PARÁBOLA?

Todas as religiões, ou quase todas, sempre lutam para demonstrar que são possuidoras de Deus, dando-Lhe, em consequência, um aspecto antropomórfico, o que é lamentável. Qualquer tentativa de explicar Deus é uma forma de limitá-Lo, de diminuí-Lo. Por isso, quando Allan Kardec interrogou os Espíritos, perguntando "Que é Deus?", eles responderam: "É a inteligência suprema, a causa primeira de todas as coisas". A Benfeitora espiritual criou essa imagem singela, que naturalmente não expressa toda a Realidade, para demonstrar que todos podem ter um pouco do conhecimento de Deus, elucidando que Ele seria como um **espelho** que, ao fragmentar-se, facultaria a todos, como num holograma, dispor do entendimento da Sua realidade.

Escuto e contemplo Deus em cada objeto, e assim mesmo não entendo quase nada. (...)
Por que querer ver Deus melhor do que este dia?
Vejo Deus em cada uma das vinte e quatro horas, em cada momento,
Nos rostos dos homens e mulheres vejo Deus, e no meu próprio rosto no espelho.
(Walt Whitman, poeta americano)

E QUAIS SÃO OS NOSSOS GRANDES ADVERSÁRIOS NO CAMINHO ATÉ DEUS?

O mais vigoroso obstáculo no caminho de todo ser humano se encontra dentro dele mesmo, sob a forma do egoísmo, que é o gerador de outros verdugos de nossa existência, como o ciúme, a inveja, a maledicência e o ressentimento, que o perturbam e o desnorteiam. Uma história interessante ilustra esse fato. Conta-se que, um dia, o diretor de uma empresa colocou uma nota ao lado do relógio de ponto informando: "Comunicamos que seu inimigo na firma morreu ontem e está sendo velado no estádio. Vá conhecê-lo". Ao ver a nota, cada funcionário comemorava – enfim, conheceria o algoz que sempre o perseguira, torpedeando-lhe o trabalho – e, em seguida, dirigia-se à quadra de esportes, onde estava o caixão com a parte superior aberta. Porém, ao olhar para dentro do esquife, saía de imediato, em choque. O motivo: dentro do caixão havia um espelho, que lhe apresentava o inimigo...

MELHOR DE TRÊS

O FILÓSOFO FRIEDRICH NIETZSCHE DIZIA QUE UMA ESPÉCIE DE ORAÇÃO DE CADA PESSOA AO INICIAR O DIA DEVERIA SER UM PENSAMENTO DO TIPO "HOJE VOU DAR ALEGRIA A ALGUÉM". EM SUA OPINIÃO, QUAL DEVE SER A ORAÇÃO DE CADA PESSOA PARA COMEÇAR O DIA?

Estou plenamente de acordo com o pensamento de Nietzsche. Na minha oração diária, logo após o despertar, eu sempre digo: "Senhor, ajuda-me a discernir o bem do mal, a verdade da impostura, o egoísmo da generosidade, ajudando-me no esforço de autoiluminação, tornando-me instrumento da Tua misericórdia e do Teu amor".

O QUE É UMA PESSOA VIRTUOSA?

Uma pessoa virtuosa é aquela que conhece os seus limites, que se mantém discreta e nobre em todas as situações, procurando servir em vez de ser servida.

ATÉ HOJE, QUAL FOI O SEU MAIOR APRENDIZADO NA VIDA?

Buscar não revidar ofensas, porque, se os meus atos não são suficientes para apresentar-me, menos valor têm as minhas palavras ou defesas. Assim, aprendi a silenciar quando acusado, perseguido ou mal-entendido, seguindo adiante com a consciência tranquila em relação aos deveres retamente cumpridos dentro das minhas parcas possibilidades.

MESA-REDONDA

Lia Diskin pergunta:

"TENHO GRANDE RESPEITO PELAS PESSOAS QUE ESCOLHEM UMA TRAJETÓRIA DE VIDA QUE, EM GERAL, NÃO É O QUE SE ESPERA DE UMA PESSOA 'PRODUTIVA', NUMA SOCIEDADE EM QUE SER 'PRODUTIVO' É CRIAR PRODUTOS. SABENDO DO PREÇO QUE A GENTE PAGA POR FAZER UMA OPÇÃO DESSAS, GOSTARIA DE SABER COMO SE DEU O CHAMADO PARA O SENHOR. COMO O SENHOR OUVIU INTERNAMENTE ESSE CHAMADO, PARA PODER FAZER A ESCOLHA QUE FEZ NA VIDA?"

Comecei a ver e a ouvir os Espíritos desencarnados ainda criança, com cerca de quatro anos de idade, sendo que, só ao completar 17 anos, adquiri consciência da mediunidade de que sou objeto, quando fui a uma reunião espírita pela primeira vez e passei a estudar o Espiritismo. Mas foi em 1948, aos 21 anos, que tive uma visão que mudou todo o meu mapa existencial. Nessa época, experienciei um fenômeno de desdobramento da personalidade, comumente chamado de "viagem astral". Vi-me em uma área arborizada, com muitas edificações e dezenas de crianças que brincavam em torno de um ancião. Por curiosidade, acerquei-me do grupo e, para minha grande surpresa, quando o senhor idoso voltou-se na minha direção, constatei que aquele ancião era eu mesmo, envelhecido. Ante o espanto que me tomou, escutei uma voz, que me disse: "Isto é o que farás da tua existência. Serás educador de novas gerações e construtor de um mundo novo de paz e de amor". Assustando-me, **despertei**.

Quem olha para fora, sonha; quem olha para dentro, desperta. (Carl Gustav Jung, psicanalista suíço)

Mais tarde, narrei o acontecimento a alguns amigos, nascendo, a partir daí, o projeto Mansão do Caminho, em Salvador, que já educou mais de 20 mil jovens carentes e hoje, além de ter 3 mil alunos na sua rede escolar, atende a milhares de pessoas por dia. Esse foi e é o chamado.

PARA SE CONHECER

Site:

www.divaldofranco.com.br

Livros:

Messe de Amor, de Divaldo Franco, psicografando Joanna de Ângelis (Leal)

Iluminação Interior, de Divaldo Franco, psicografando Joanna de Ângelis (Leal)

IAN MECLER

O CANAL DA CABALA

Conta-se que, certo dia, um conhecido se aproximou todo afoito de Sócrates e disse: "Sabe o que acabo de ouvir sobre um amigo seu?". Porém, impedindo que ele continuasse, o filósofo grego falou: "Antes de me falar qualquer coisa, vejamos se você consegue passar no 'teste dos três filtros'. O primeiro é o filtro da verdade. Você tem certeza de que o que vai me contar é verdade?". "Não, acabei de ouvir de outra pessoa", respondeu o homem. "Bem, então não sabe se é verdade", continuou o sábio. "Mas vamos ao segundo filtro, o da bondade. Isso que está prestes a me dizer sobre meu amigo é algo bom?". "Não, pelo contrário, é bem ruim", enfatizou o homem. "Bom, então quer me contar algo ruim sobre alguém, sem nem saber se é verdade", prosseguiu Sócrates, impassível. "Mas pode ser que você ainda passe pelo terceiro filtro, o da utilidade. O que você quer dizer é útil para mim?". "Não, de fato, não é", admitiu o sujeito. E o filósofo, então, concluiu: "Ora, mas, se não é verdadeiro, bom ou útil, para que me contar afinal?".

Assim como o pensador grego, o carioca Ian Mecler há quase dez anos vem ensinando sobre o cuidado que se deve ter com o uso das palavras. Esse é um dos princípios estipulados pela cabala, tradição mística judaica que busca desvendar a sabedoria oculta nos textos sagrados. Com formação na área de informática e dono de uma empresa no setor, hoje ele é uma das principais referências da cabala no país, dando cursos e palestras, além de ter se tornado fenômeno editorial, com milhares de exemplares vendidos dos vários livros que escreveu sobre o tema.

Filho de pais judeus, passou por diversas tradições – como astrologia, xamanismo, umbanda e espiritismo –, até, finalmente, voltar seu foco para o estudo da cabala. Aos 49 anos, ele funciona como uma espécie de tradutor, de canal para uma sabedoria transmitida há milênios no judaísmo. “Um dos ensinamentos primordiais da cabala é o de que precisamos saber onde colocar nosso foco”, diz Ian. “Em vez de desperdiçar a vida em atitudes negativas, como falar mal dos outros, devemos agradecer, a cada instante, pela grande oportunidade de estarmos vivos.”

VOCÊ INICIA SEUS LIVROS FALANDO DE SUA MOTIVAÇÃO PARA ESCREVÊ-LOS. A PARTIR DESSE VALOR DADO À MOTIVAÇÃO, GOSTARIA DE COMEÇAR TRAZENDO ALGO QUE VOCÊ DIZ SER A FORÇA PROPULSORA DE NOSSA VIDA: O DESEJO. COMO É ISSO?

O desejo é a questão central do ser humano, é aquilo que nos move e nos mantém vivos. E isso inclui desde os desejos materiais até os mais espirituais. Na verdade, o desejo de receber não representa nenhum problema. O problema é quando entramos na esfera do desejo egoísta, de receber só para si. Pois há dois tipos de desejo: um que visa compartilhar com os outros, e outro que pensa unicamente em si. Mas só há um propósito para tudo aquilo que recebemos: compartilhar. Quando nos conectamos com o desejo natural de compartilhar, nossa vida ganha uma luz própria que a tudo ilumina; porém, quando somos movidos pelo desejo de receber só para nós, esse é o terreno da escuridão.

OU SEJA, A QUESTÃO ENTÃO É ENCONTRAR O EQUILÍBRIO ENTRE O DESEJO DE RECEBER E O DE COMPARTILHAR?

Sim, é no equilíbrio entre estas duas energias primordiais, o desejo de receber e o de compartilhar, que encontramos o caminho para uma vida plena. Nesse sentido, não interessa muito se nosso desejo é ter uma Ferrari ou ser espiritualmente iluminado. Se formos movidos pela vontade de compartilhar, o fato de ter uma Ferrari pode não ter nada de errado, ser apenas um carro que achamos bonito; por outro lado, se a motivação para a busca espiritual está ligada a alguma espécie de vaidade, ao **desejo** de ser admirado, de ganhar um título, aí, sim, temos um problema. Precisamos estar sempre atentos em relação à forma como manifestamos o nosso desejo; se ele inclui o compartilhar, se também queremos doar algo para o mundo, ou se é só para nós. Essa é a questão.

Nada impede tanto uma pessoa de ser natural quanto o desejo de parecer natural.
(Duque de La Rochefoucauld, escritor francês)

BOM, MAS OUTRA QUESTÃO EM RELAÇÃO AO DESEJO É QUE, MUITAS VEZES, NÃO SABEMOS REALMENTE O QUE QUEREMOS E ACABAMOS NOS PERDENDO EM MEIO ÀS VÁRIAS POSSIBILIDADES QUE A VIDA NOS TRAZ, SEM OPTAR DE VERDADE POR ALGO...

Sem dúvida. Isso toca em outra coisa fundamental, que são as nossas escolhas. A cada instante na vida, estamos fazendo escolhas; algumas maiores, como decidir por uma profissão, e outras menores, como ir ou não a uma festa. O problema é que vivemos numa sociedade que nos leva a acreditar que nossas opções têm sempre que envolver algum resultado grandioso. Com isso, se a pessoa quer escrever um livro, já pensa que, para isso, tem que ser o maior escritor do planeta; se quer ser músico, tem que ser o mais talentoso; se quer ser engenheiro, tem que ser o dono da construtora; e por aí vai. O resultado é quase sempre o mesmo: imobilidade e frustração.

Escolha sempre o caminho que pareça o melhor, mesmo que seja o mais difícil; o hábito brevemente o tornará fácil e agradável. (Pitágoras, filósofo grego)

Na verdade, qualquer pequeno ato pode ser a expressão de nossas aspirações mais verdadeiras. Minhas escolhas não precisam se basear em resultados espetaculares para o mundo ver, mas naquilo que sinto ter para oferecer de **melhor**. Cada momento, cada degrau engloba em si todo um caminho. Por exemplo, nós sempre ouvimos alguém dizer: "Não consigo me encontrar na vida, não sei o que fazer". A saída é simples: se encontre nesse momento. O que você pode fazer agora? Sempre que nos conectamos com nosso desejo real e fazemos nossas escolhas a partir daí, vemos que temos algo de valor a gerar para o mundo, nem que seja uma coisa pequena.

E COMO SINTONIZAR NOSSAS ESCOLHAS COM NOSSOS DESEJOS REAIS? É AÍ QUE ENTRA A MEDITAÇÃO?

Há várias formas de fazer essa sintonia, mas, sem dúvida, a meditação é um dos instrumentos mais eficientes, pois ela atua justamente no sentido de reduzir a força de nosso ego, de sossegar nossa mente incessante, neurótica, que nos coloca o tempo todo num estado de distração. Seja ela qual for, há várias técnicas disponíveis. A meditação é um instrumento precioso, que merece apenas um voto de confiança de nossa parte para que os resultados comecem a vir naturalmente.

E COMO FUNCIONA A MEDITAÇÃO NA CABALA?

A meditação cabalística é baseada na visualização de grupos de letras sagradas, de caracteres hebraicos usados nas versões mais antigas da *Bíblia*. Ela trabalha com o que chamamos de "ressonância mórfica": a forma das letras cria uma espécie de campo magnético, com o qual nossa alma ressoa; e, então, entramos em sintonia com a frequência daquela letra. Essas letras são canais de recepção de energia, sendo cada receptor ligado a uma esfera da vida, como amor ou saúde. Ao visualizarmos as letras, vamos abrindo nosso canal receptor para essas energias.

Quanto ao processo em si, é simples. A pessoa deve fechar os olhos por um minuto e respirar lentamente, acalmando os pensamentos. Então se deve abrir os olhos e contemplar as letras por cerca de cinco minutos, sempre respirando de forma profunda e relaxada. Uma dica é visualizar o contorno branco em volta da letra; e, claro, lembrar-se do equilíbrio entre o desejo de receber e de compartilhar.

VOCÊ PODE DAR ALGUNS EXEMPLOS? COMO SÃO AS MEDITAÇÕES VOLTADAS PARA TRÊS ÁREAS COM AS QUAIS TODO MUNDO SE PREOCUPA: AMOR, SAÚDE E PROSPERIDADE?

A meditação do amor equilibra a nossa energia afetiva, ela nos ajuda a encontrar a nossa alma complementar e a viver de forma plena após esse encontro. Para limpar esse canal, deve-se visualizar a sequência de letras abaixo:

ההע

No caso da meditação da prosperidade, é fundamental nos lembrarmos de uma coisa: a cabala não relaciona a prosperidade ao quanto a pessoa ganha, mas sim ao quanto ela produz e compartilha com o que ganha. A prosperidade é simplesmente um canal. Tem gente, por exemplo, que nem liga para dinheiro, mas está sempre bem financeiramente; a pessoa pode largar o emprego, começar tudo de novo, várias vezes, e onde ela está existe prosperidade. Outros, por sua vez, passam a vida atrás de dinheiro, mas nunca têm nada. Ou seja, é uma questão de sintonizar com o canal correto. As letras abaixo limpam esse canal:

סאל

No caso da meditação da saúde, a pessoa pode fazer para si mesma, para um ente querido, ou até para os animais domésticos. O processo de visualização das letras é o mesmo, mas, nesse caso, há um detalhe a mais: deve-se projetar toda a energia de cura para um copo com água. Deve ser um copo de água mineral, e ele tem que ser segurado com a mão direita. Depois, essa água deve ser bebida de uma só vez por quem está precisando. As letras da saúde são estas:

מהש

QUAL É A EXPLICAÇÃO PARA ESSE USO DA ÁGUA?

O poder curativo da água é ensinado há milênios na cabala e já foi comprovado cientificamente. Há alguns anos, o japonês **Masaru Emoto** apresentou os estudos que fez ao fotografar moléculas de água cristalizadas. Ele fez várias fotos de moléculas de água que haviam sido expostas a diferentes qualidades de energia, por exemplo: alguns minutos de música clássica; frases positivas, tipo "eu te amo"; ou, ainda, áudios com discursos de Hitler, frases com sentido negativo, etc. E o resultado foi impressionante. Nas águas submetidas a energias positivas, as fotos mostram moléculas perfeitas, com formas harmônicas. Já nas que foram expostas a energias negativas, as moléculas estavam deformadas, sem simetria. Ou seja, ficou provado o efeito de nossos pensamentos, palavras e sentimentos sobre a água.

Pesquisador japonês autor de várias obras, como o livro *As Mensagens da Água*.

Assim, quando vibramos positivamente para a água, ela se torna um grande remédio. E é bom lembrar que mais de 70% de nosso corpo é formado por água, assim como mais de 70% do corpo da Terra. Quer dizer, bons pensamentos são a garantia de que nossas próprias moléculas – e as moléculas do planeta – terão uma estrutura mais harmônica e saudável. Por exemplo, comecei a fazer essa experiência com a minha gata de estimação, que, na época, já tinha 15 anos, estava praticamente condenada; e ela acabou vivendo quase 22 anos, com saúde, sendo cuidada só com essa água santificada, sem remédios ou veterinários. Às vezes, a água serve até para ajudar numa passagem, como no caso de pessoas que se arrastam por anos, apenas sentindo dor. Mesmo se não pode curar, a água auxilia a pessoa a ter uma passagem mais tranquila, com menos sofrimento e mais dignidade. A água nos ajuda a desapegar.

AGORA, MUITAS VEZES, A PESSOA MEDITA, SABE O QUE QUER, VAI À LUTA, MAS ESTÁ SEMPRE DIANTE DE OBSTÁCULOS QUE ACABAM FAZENDO COM QUE ELA DESISTA DE SEU PROPÓSITO. COMO VOCÊ ENXERGA O PAPEL DOS OBSTÁCULOS EM NOSSA VIDA?

Agradeço todas as dificuldades que enfrentei; não fosse por elas, eu não teria saído do lugar. As facilidades nos impedem de caminhar. (Chico Xavier)

Um dos ensinamentos básicos da cabala é o de que, por trás de cada obstáculo, há uma quantidade proporcional de luz a ser revelada. Não é à toa que quase todos os seres iluminados da humanidade, como Jesus ou Moisés, não costumam ter uma vida muito fácil, estão sempre diante de desafios. Mas eles não se deixam enfraquecer pelas **dificuldades**, pelo contrário, se fortalecem com elas. E assim deve ser em nossa vida. Os obstáculos são parte da existência humana. A questão é entrar em sintonia com as esferas superiores da vida. Quanto menos preso aos jogos materialistas da mente, mais as coisas vão acontecer. Muitas vezes, basta um mínimo de sintonia, e os obstáculos simplesmente somem, pois 90% de nossos problemas são criações mentais, vêm de expectativas em relação ao futuro e aos outros. Quanto mais conectada a pessoa estiver, menos os obstáculos a deixarão fora de si. Tudo é uma questão de frequência, de alinhar nossa consciência com o plano superior.

ISSO ME LEMBRA DO QUE VOCÊ DIZ, QUE A "REALIDADE, TAL COMO A VEMOS, É A ETAPA FINAL DE ALGO QUE COMEÇA SEMPRE EM UM PLANO EXTRAFÍSICO".

Para a cabala, a vida tem dez dimensões como um todo, sendo que o mundo físico representa só 10% desse total. Não adianta querer resolver as coisas usando apenas esses parcos recursos do mundo físico. O mundo físico é apenas um reflexo, um espelho do plano espiritual. E não dá para alguém modificar a sua imagem modificando só o espelho. É preciso abrir a consciência para o plano do invisível. A experiência de Chico Xavier, por exemplo, quantas coisas inexplicáveis e, ao mesmo tempo, tão verdadeiras foram vividas e transmitidas por ele. Tudo isso é real, é algo disponível a todos nós, mas que está nesses outros 90% da vida.

Nossa tarefa é romper com essa dinâmica dos 10%, pois essa é a dinâmica do ego, que nos faz crer que, um dia, podemos perder tudo, que é preciso agarrar as coisas, que nosso corpo é tudo o que temos. Isso é ilusão. Quando vamos além e nos sintonizamos com algo que não é tão claro aos olhos físicos, as coisas ganham mais sentido. Um exemplo é o modo como a mídia noticia qualquer tragédia, sempre insistindo na negatividade, criando uma cultura do caos. Por quê? Por causa de uma completa falta de visão. Em meio aos momentos mais trágicos, o que desperta em nós são sentimentos de solidariedade, de compaixão, de ajuda mútua. Essa é a tônica nessas horas, e é com isso que temos que nos sintonizar. Desse modo, saímos da dinâmica ilusória do ego, guiada pelo apego a uma matéria que, no fim, é perecível.

VOCÊ BASEIA MUITOS DE SEUS ENSINAMENTOS DA CABALA NAS HISTÓRIAS DE PERSONAGENS BÍBLICOS, DIZENDO QUE ELAS REVELAM VÁRIAS LIÇÕES NOVAS QUANDO LIDAS DE FORMA SIMBÓLICA. PODE DAR UM EXEMPLO?

Na ambiguidade pisciana das palavras, Jesus se movia como um peixe na água (...) A linguagem de Jesus é cifrada (...) é a linguagem de um poeta. (Trecho do livro *Jesus*, do poeta e escritor paranaense Paulo Leminski)

A *Bíblia* é repleta de mensagens **cifradas**. Por exemplo, um dos códigos mais bonitos está na história de Moisés e sua luta para libertar os hebreus da escravidão no Egito. Essa passagem é cheia de símbolos, como no caso de três locais: Egito, deserto e Terra Prometida – eles se referem não só a espaços físicos, mas a estados de consciência. O Egito representa o estado de escravidão ao qual, há milênios, o ser humano está submetido; é a nossa consciência estreita, compulsiva, que quer tudo só para si. O deserto, por sua vez, representa o caminho longo, árduo e cheio de desafios que é preciso percorrer para escapar desse estado de escravidão a caprichos e apegos psicológicos; é o local da grande lapidação, imprescindível para se chegar a uma nova consciência. E a Terra Prometida é justamente esse estado de consciência elevada, que nos permite compreender qual é a nossa missão na vida, o sentido de nossa existência. Enfim, a história de Moisés é a história de nossa própria jornada, da escravidão mental à consciência espiritual.

CONTINUANDO COM MOISÉS, ENTRE AS LEIS DIVINAS RECEBIDAS POR ELE, ESTÁ O MANDAMENTO QUE DIZ: "NÃO LEVANTARÁS FALSO TESTEMUNHO". ESSE MANDAMENTO ABORDA UM DOS TEMAS MAIS ESTUDADOS NA CABALA, QUE É A QUESTÃO DO PODER DAS PALAVRAS, E DE COMO FAZEMOS MAU USO DESSE PODER, POR MEIO DE FOFOCAS E MALEDICÊNCIAS. PODE FALAR SOBRE ISSO?

Isso é uma coisa muito séria, a praga da *lashon hará*, ou maledicência. Quase todos nós praticamos, diária e compulsivamente, alguma forma de maledicência. A mais conhecida é a fofoca. E, se lembrarmos como as energias ressoam em nós, no caso da fofoca, todos saem perdendo: a pessoa que fala, ao gerar essa negatividade, só atrai isso para si; a pessoa que ouve também recebe essa negatividade; e a pessoa de quem se fala pode até não ouvir, mas, num nível mais sutil, sente e se enfraquece com essa carga negativa. É a mesma coisa que acontece, por exemplo, quando duas pessoas se juntam para falar mal de um governante ou de um chefe; estão simplesmente realimentando a negatividade. Mesmo que o político e o chefe sejam desonestos ou incompetentes, que algo deva ser feito, se nosso comentário não tiver um caráter construtivo, é melhor não fazer.

E há outros tipos de *lashon hará* também. Uma das formas mais sutis – e danosas – de maledicência é a mania de pensar ou falar mal de nós mesmos, de ficar se lamentando da vida com os outros. O efeito é devastador, para quem fala e para quem ouve. É preciso ter atenção, pois todos nós, uma hora ou outra, caímos nesse jogo da maledicência. Um ótimo exercício é, sempre que notar que alguém começa a despejar negatividade em seus ouvidos, pare de ouvir, saia de perto, mude de assunto. É difícil, sem dúvida, mas é incrível o quanto nossa vida se transforma ao pararmos de falar mal dos outros e das coisas.

ALIÁS, FALAR DA VIDA ALHEIA, NO FUNDO, ACABA SENDO UM MODO BEM CONFORTÁVEL DE FUGIRMOS DE NOSSAS PRÓPRIAS RESPONSABILIDADES NA VIDA, NÃO É?

Com certeza. Uma questão primordial é esta: escolher onde vamos colocar nosso foco. Sobretudo, nos tempos em que vivemos, em que o planeta vai passar por transformações drásticas. Várias tradições, assim como a cabala, já alertaram sobre isso. Vai ser doloroso, mas, como num parto, pode ser o nascimento de uma nova consciência. Para isso, é preciso focar nessa direção. E o foco nessa direção começa com o foco no presente, no “aqui, agora”. Presença e ego são coisas que não convivem; basta estar presente, e o ego se desfaz, pois o jogo do ego é ficar projetando para o futuro ou reclamando do passado.

Agora, para que ficar reclamando? Temos muito mais a agradecer do que a reclamar. É fundamental nos lembrarmos, a toda hora, da grande oportunidade que é o fato de estarmos vivos e agradecer por isso. Mais do que posses ou títulos, o tempo que passamos numa convivência de amor é que dá sentido à existência. Por exemplo, num leito de morte, você nunca ouve a pessoa dizer: “Ah, que pena que não comprei aquele carro novo”. Ouve-se algo como:

"Que pena ter brigado tanto com minha família, que não perdoei meu amigo". Isto é algo de que não podemos nos esquecer: de aproveitar cada chance para sermos mais amorosos, generosos, solidários, enfim, de agradecer pela maior de todas as oportunidades, que é a vida.

MELHOR DE TRÊS

O FILÓSOFO FRIEDRICH NIETZSCHE DIZIA QUE UMA ESPÉCIE DE ORAÇÃO DE CADA PESSOA AO INICIAR O DIA DEVERIA SER UM PENSAMENTO DO TIPO "HOJE VOU DAR ALEGRIA A ALGUÉM". EM SUA OPINIÃO, QUAL DEVE SER A ORAÇÃO DE CADA PESSOA PARA COMEÇAR O DIA?

No meu caso, começo todos os dias com esta prece, que recebi em meditação; chama-se *Oração da Realização*:

Agradeço por este novo dia, pelos pequenos e grandes dons que colocaste em nosso caminho, a cada instante desta jornada.
Agradeço por descobrir que dar e receber são na verdade uma mesma coisa.
Agradeço até mesmo pelas dificuldades do caminho, porque sei que, por trás de cada obstáculo, há grande Luz a ser revelada.
Que Deus me ajude a ampliar minha visão e a perceber que minha realidade é fruto do foco de meus pensamentos. Assim, poderei lembrar que vejo o mundo e as pessoas não como elas são, mas como eu sou.

É minha decisão, a partir de agora, colocar o foco naquilo que é construtivo, e para tal me determino a plantar as mais positivas sementes.
Peço força para desenvolver a virtude do desapego, para que possa sempre lembrar que nada de material nos restará quando deixarmos este mundo físico.
É com humildade que abandono agora minhas expectativas, porque sei que meu poder é ilusório.
A força que guia minha vida vem Daquele que me criou e para Quem tudo é possível.
Guiado por essa força, jamais desistirei daquilo em que realmente acredito, da minha missão de levar Luz ao mundo e aos que me cercam.

O QUE É UMA PESSOA VIRTUOSA?

Uma pessoa virtuosa é aquela que, dentre todas as virtudes, cultiva a que considero ser a virtude essencial: a humildade. Quando a pessoa é humilde, ela exige menos de Deus, exige menos da vida. Uma pessoa humilde tem desejo pelo quê? Ela tem desejo pelo momento, pela vida, por fazer o bem; qualquer coisa pode ser boa. A humildade é a virtude para todas as horas.

ATÉ HOJE, QUAL FOI O SEU MAIOR APRENDIZADO NA VIDA?

Sinto que os maiores aprendizados que tive até hoje foram diante de situações de perda, nas ocasiões em que acompanhei a passagem de entes queridos. Nesses momentos, quando aquele ser estava se despedindo dessa existência, aprendi sobre o que realmente vale na vida, que é o compartilhar do amor, quando entramos em contato com o outro não pela mente, mas pelo coração, pela alma.

MESA-REDONDA

Leonardo Boff pergunta:

"JESUS NÃO ERA UM CRISTÃO, MAS UM JUDEU. QUANDO ELE FALA DE ESCRITURAS, NÃO PENSA NO *NOVO TESTAMENTO*, QUE AINDA NÃO EXISTIA, MAS NO *ANTIGO TESTAMENTO*. COMO VOCÊ SITUA JESUS DENTRO DA GRANDE TRADIÇÃO E DA HISTÓRIA DA FÉ ABRAÂMICA?"

É difícil situar um mestre como Jesus em qualquer contexto histórico ou religioso, mas eu o enxergo como sendo um cabalista, pois seu caminho espiritual não é baseado numa leitura literal da *Torá*, mas na compreensão de sua essência simbólica. Ele falava muito por símbolos. Na verdade, muitos ensinamentos de Jesus falam de coisas que podemos encontrar no *Antigo Testamento*. Por exemplo, um de seus ensinamentos de maior impacto também aparece por meio de Moisés, no livro do *Êxodo*: "Amai ao próximo como a ti mesmo". É uma frase que resume tudo. Mais do que nos orientar a viver em harmonia com nosso semelhante, ela nos leva ao entendimento de que somos, todos, uma única e mesma alma. É o Deus único de Abraão. E a essência do Deus único abraâmico é a afirmação da presença de Deus em tudo, de que a luz espiritual está sempre presente, em todas as pessoas e situações. Precisamos somente aprender a extraí-la. Em última análise, esse aprendizado, essa redenção acontecerá em nível coletivo. É o que, na cabala, denominamos "a era do Messias" – quando uma imensa massa crítica estará abençoada pelo grau de consciência alcançado por mestres como Abraão e o próprio Jesus, que nos indicou a direção, ao dizer: "Eu sou o caminho".

PARA SE CONHECER

Site:

www.portaldacabala.com.br

Livros:

A Cabala e a Arte de Ser Feliz, de Ian Mecler (Sextante)
Aqui, Agora: o Encontro de Jesus, Moisés e Buda, de Ian Mecler (Record)

JOSÉ ÂNGELO GAIARSA

O EQUILIBRISTA

Na manhã de 7 de agosto de 1974, o assombro tomou conta de todos que circulavam pelas ruas próximas ao World Trade Center, em Nova York. É que, lá no alto, a mais de 400 metros de altura, o acrobata francês Philippe Petit caminhava sobre um cabo de aço suspenso entre as duas torres, equilibrando-se em meio a fortes ventos sem qualquer equipamento ou rede de segurança. Durante quase uma hora, ele andou de lá para cá, dançou e até fez gracinhas para os policiais que se aglomeravam nos terraços. O passeio terminou com a prisão de Petit e de outros amigos que o ajudaram na façanha, que ficou conhecida como "o crime artístico do século". Solto depois, o francês não titubeou quando lhe perguntaram sobre a razão de fazer aquilo: "Não tem um porquê", disse. "A vida deve ser vivida no limite. Você tem que se recusar a se ater a regras, a ficar se repetindo. Tem que ver cada dia como um verdadeiro desafio – aí sim você vive como se estivesse numa corda bamba."

As palavras do francês – cujo feito é narrado no documentário *O Equilibrista*, ganhador do Oscar em 2009 – poderiam muito bem ter sido ditas pelo psicoterapeuta José Ângelo Gaiarsa, considerado o maior especialista brasileiro em comunicação não verbal. Formado em medicina pela USP, Gaiarsa escreveu mais de 30 livros, sobre temas variados, destacando a importância de algo que, em geral, não é enfatizado nos livros de psicologia: o corpo. Desde o modo como respiramos e nos movemos até nosso jeito de olhar, a sabedoria do corpo é trazida à luz sob a ótica original e, muitas vezes, iconoclasta do dr. Gaiarsa. Irreverente e sem papas na língua, por anos apresentou um quadro de sucesso na TV, em que respondia, ao vivo, a dúvidas sobre temas como família, amor e sexualidade.

Com milhares de horas de atendimento em consultório, manteve uma vitalidade invejável até o fim da vida. Pouco tempo depois de nosso encontro, o dr. Gaiarsa fez sua passagem, aos 90 anos, em 16/10/2010, enquanto dormia. Como me disse a Monja Coen: "Ele acordou do sonho, sonhando". Suas palavras e sua obra seguem afirmando o valor de vivermos todas as nuances da existência, do corpo ao espírito, sem nos atermos a esta ou àquela certeza: "O importante não é ser equilibrado, mas ser um bom equilibrista", diz o mestre.

COMECEMOS NOSSO CONTATO PELO TOQUE. NO PREFÁCIO DO LIVRO *TOCAR*, DO INGLÊS ASHLEY MONTAGU, O SENHOR DESTACA O QUANTO NOS FALTA EM PROXIMIDADE, QUE NÃO SABEMOS

TROCAR AFETO, E OS MALES QUE ISSO NOS TRAZ – E SE PERGUNTA: "POR QUE NOS AFASTAMOS TANTO ASSIM UNS DOS OUTROS?". EU LHE FAÇO DE NOVO ESSA PERGUNTA, E MAIS: COMO FAZER PARA NOS CURARMOS DESSA DOENÇA DO "NÃO ME TOQUE"?

Essa é uma questão crucial. O próprio Jesus tentou resolver isso; ele disse: "Amai-vos uns aos outros" – e foi crucificado. Acontece que o tato foi o primeiro sentido a se desenvolver no ser humano, aliás, em qualquer ser vivo. Basta observar até o mais simples organismo unicelular ao microscópio, a incrível sensibilidade dele ao contato. No fundo, o que o tato nos diz é: "Olha, se você encostou, é porque não é você". O limite do ego é a pele. Se me tocou, não estava em mim. Agora, por que todo esse medo do toque? Porque, ao tocar, a pessoa se envolve, se confunde com o outro. Pele na pele, não há maior intimidade do que essa.

Claro, isso se não envolver alguma intenção machista, na linha do "vamos transar", que é uma forma de apagar o encontro verdadeiro. Pois o contato puro, sem intenção, altera a pessoa. Quanto mais suave, macio e cuidadoso for o toque, mais a pessoa se derrete. Derrete o "eu", pois nós vamos perdendo a rigidez. O que é tudo o que as pessoas mais desejam e, portanto, mais receiam.

E, NO LUGAR DO TOQUE, VAMOS ENCHENDO NOSSAS RELAÇÕES DE PALAVRAS...

Filósofo e educador canadense, autor do famoso aforismo "O meio é a mensagem", título de uma de suas obras.

Justamente. O **Marshall McLuhan** disse tudo o que eu queria dizer: "O acontecer é global e simultâneo; ao passo que o verbal é linear e sucessivo". Portanto, as palavras jamais dirão o que é a realidade. A cada instante, acontece um número absolutamente ilimitado de fatos, no cosmos, no planeta, em cada um de nós. E é impossível restringir essa vastidão de experiências a um bocado de letrinhas. Dizem que a marca do homem é a palavra. Mas, a meu ver, a humanidade está se perdendo em palavras. Um exemplo são as centenas de teorias surgidas ao longo da história, todas trazendo "a verdade", enquanto, a cada dia, o homem vai se perdendo mais de si.

MAS, EM MEIO A ESSE LABIRINTO TODO, NÃO DÁ PARA NEGAR QUE AS PALAVRAS TAMBÉM COMUNICAM, NÃO É?

Claro. Mas quando é que elas comunicam? Quando acontece o que está acontecendo agora entre nós: estamos olhando um para o outro, totalmente presentes e interessados no que falamos. Mudou a relação, muda o significado das palavras. É só pegar o dicionário para ver. Termos como "liberdade", "alma", "razão" e muitos outros têm até 20 significados diferentes. Quando digo "lógica", a chance de você entender exatamente o que eu disse é quase zero. Mas o pressuposto básico da linguagem é de que é possível transmitir a essência das coisas por palavras. E não é.

Parece óbvio, mas nenhuma gramática fala disso. Como um amigo me disse: "Gaiarsa, você é o mestre do óbvio, tudo o que você diz a gente já sabia". Tenho orgulho desse título: mestre do óbvio. Em suma, sempre que palavras são faladas, elas são faladas por um ator, numa cena. Se ele mudar a expressão não verbal, seus gestos, o tom de voz, altera todo o sentido do que está sendo dito.

O SENHOR ATÉ AFIRMA QUE MUITAS VEZES "O QUE AS PESSOAS DIZEM (CONSCIÊNCIA) TEM POUCO A VER COM O QUE MOSTRAM (INCONSCIENTE)". COMO SE DÁ ESSE PROCESSO DE COMUNICAÇÃO NÃO VERBAL?

A linguagem não verbal é a forma primária de comunicação. Por exemplo, os bichos se entendem por meio de rosnados, posturas, caretas. Para se ter uma ideia do peso disso, as áreas motoras do cérebro responsáveis pelos movimentos das mãos, da face e da garganta são até seis vezes maiores do que a área que se ocupa de todo o resto do corpo. Todas as palavras são ditas junto de expressões faciais, gestos e tons de voz variados. Se mudar uma dessas variáveis, o sentido da frase muda totalmente.

O que Freud chamava de inconsciente, na verdade, é visível e se manifesta na linguagem não verbal. Experimentos com filmagens em câmera lenta mostram isso bem. Por exemplo, a pessoa está com um discurso todo bonitinho, e o terapeuta, de repente, pergunta: "E seu pai?". Na filmagem em câmera lenta se vê que, antes de responder, o paciente faz uma série de expressões faciais extremamente reveladoras. Isso em questão de décimos de segundo. É o nosso bicho – ele responde na hora, e ninguém consegue segurar, nem jogador de pôquer. Eu faço uma pergunta, a cara da pessoa já respondeu, independentemente do conteúdo da falação que vier, pois, muitas vezes, a cara diz uma coisa, e as palavras dizem outra. Não sei de onde tiraram essa ideia de que "Quem vê cara não vê coração"...

O DITADO TINHA QUE SER AO CONTRÁRIO ENTÃO: "QUEM VÊ CARA VÊ CORAÇÃO"?

Vê, e muito. Assim, para compreender, de fato, o que o outro está dizendo, é preciso olhar para ele, perceber sua postura, seus gestos, seu tom de voz. Mas, sobretudo, olhar. O caminho é olhar, com atenção. Às vezes, ao ver um casal apaixonado, as pessoas dizem: "Minha nossa, esses namorados parecem **bobos**, só ficam olhando um para o outro". É claro que ficam se olhando, este é o momento amoroso. As duas pessoas estão juntas porque seus olhos veem de modo parecido.

O bobo, por não se ocupar com ambições, tem tempo para ver, ouvir e tocar no mundo. (Clarice Lispector)

OU SEJA, O ESSENCIAL PARA A COMPREENSÃO DO OUTRO É SABER PRESTAR ATENÇÃO A ELE?

Para a compreensão do outro e para a compreensão de si mesmo. No meu livro *Espelho Mágico*, falo sobre algo que para mim é a verdade mais escandalosamente luminosa do universo: eu não me vejo por fora como o outro me vê. Repito: eu não me vejo como *você* me vê. Meu espelho mágico é o outro, e vice-versa. Assim, prestar atenção é essencial. Ao dar atenção, você está dando o seu "aqui e agora" para alguém, e isso é a única coisa que você tem para dar. Por isso, é preciso muito cuidado em como e para quem você dá a sua atenção.

O SENHOR TAMBÉM FALA DA IMPORTÂNCIA DE DARMOS ATENÇÃO À NOSSA CRIANÇA INTERIOR. COMO É ISSO?

O adulto adora fazer cara de sério, de gente "respeitável", vendo com péssimos olhos os aspectos ditos "infantis" em nós. Mas nossa criança interior é a base de tudo o que podemos vir a ser. É essencial saber ouvi-la, cultivar as situações de encantamento, de brincadeira, de risadas, que são quando ela se manifesta. Aliás, minha definição de amor é esta: se você se sente criança, encantando, olhando, rindo, você está amando. Quando ama, a pessoa vive a sua criança autêntica, anterior às repressões impostas pela sociedade.

E COMO SE DÁ ESSE PROCESSO DE REPRESSÃO INFANTIL?

Esse é um dos maiores crimes da sociedade, pois a criança é um ser extremamente sensível e inteligente. Por exemplo, de zero a quatro anos, nosso cérebro atinge 90% do tamanho. O que significa que, nesse período, a criança aprende quase tudo o que vai aprender na vida. Mas nossa educação é como a história do Pinóquio ao contrário: o Pinóquio é um boneco de pau que vira menino; e nós fazemos o menino virar um boneco de pau. Porque a palavra mais usada na infância é "não": não corre; não pula; não mexe; não sei mais o quê. Com isso, a criança vai se transformando num boneco, vai perdendo a espontaneidade, a criatividade.

E como é que esse Pinóquio se conserva ao longo da vida? Graças aos outros Pinóquios como ele. Como escrevi um dia: "Todos vigiam todos para que ninguém faça o que todos gostariam de fazer". Ou seja, a paralisia é induzida já na infância, para que o sujeito seja uma pessoa "normal"; e depois todos vão contribuindo para manter a "normalidade" geral da nação, cada um mais perdido de si que o outro.

NESSE SENTIDO, OS TÍTULOS DE DOIS DE SEUS LIVROS – *A ENGRENAGEM E A FLOR* E *A ESTÁTUA E A BAILARINA* – FAZEM REFERÊNCIA A MODOS DISTINTOS DE SER NO MUNDO, OS QUAIS, DE CERTA FORMA, PODERÍAMOS CHAMAR DE “O AUTÔMATO RÍGIDO” E “O DANÇARINO AMOROSO”. POR QUE A MAIORIA DE NÓS OPTA PELO CAMINHO DO AUTÔMATO?

A analogia é perfeita, mas nós não optamos – nós simplesmente não temos escolha. Somos moldados na infância, e, depois, todos controlam todos, a bem da segurança coletiva. Daí, vivemos como autômatos, com comportamentos repetitivos, sem mobilidade. Algo que vai contra nosso próprio sistema biológico. Os dados de nossa motricidade mostram isso bem. Nada menos que dois terços do cérebro são dedicados ao sistema motor. E o cerebelo, que tem mais neurônios do que todo o resto do cérebro, é quase inteiro motor. Por que todo esse aparato? Porque, ao longo de 2 milhões de anos de evolução, nossos ancestrais aprenderam a verdade da natureza: movimento é sobrevivência. Só sobrevive a espécie que percebe e reage rápido. Não à toa, o cérebro é dois terços **movimento**, e, do que sobra, mais da metade é visão. E tem mais.

O ser interior tem todos os movimentos. (Henri Michaux, escritor, poeta e pintor francês)

Os livros ensinam que temos cerca de 500 músculos. Mas o que quase ninguém sabe é que também temos 250 mil dos chamados neurônios motores, cada um deles ligado a um grupo de fibras musculares. E que cada unidade motora, que é o neurônio motor mais o músculo, tem, no mínimo, dez graus de contração diferentes. Multiplique isso e veja o que dá. Ou seja, matematicamente demonstrado, nossa amplitude de movimentos é quase infinita. Por isso **Shiva** é o mais legítimo dos deuses, pois é o deus da dança, o deus do movimento.

Uma das principais divindades hindus, Shiva tem várias manifestações. Em uma delas, aparece como Nataraja, o deus que continuamente cria e destrói o mundo com sua dança cósmica.

E COMO FAZER PARA DESPERTAR ESSE SHIVA QUE EXISTE EM NÓS?

Mexa-se muito e respire bastante. É o que eu faço todos os dias: eu danço. Ponho uma música e danço. Não é ginástica. A coisa é mexer o corpo inteiro, sempre respirando, **quanto mais**, melhor. Aliás, essa é uma técnica de vitalização permanente. Na realidade, as pessoas morrem por rigidez de movimentos e sufocação gradual. É isso que favorece o aparecimento de doenças. Como antídoto a essa morte anunciada, um conselho prático: mexa-se, e respire bastante.

Quanto mais entro na dança
Mais o sangue se aquece
Quanto mais fico sentado
Mais o corpo é que padece
(Trecho da música *Quanto Mais*, do cantor e compositor Sérgio Sampaio)

E HÁ ALGUM MODO CERTO DE RESPIRAR, ALGUMA TÉCNICA PARA ISSO, COMO NO RENASCIMENTO* OU NA RESPIRAÇÃO HOLOTRÓPICA**?

A técnica é apenas uma: muita respiração, do seu jeito. Não existe modo certo de respirar. Apenas fique de pé e respire bem mais do que costuma, cerca de cinco minutos já são suficientes. Vá respirando e, se o corpo se mexer, acompanhe o movimento, pois é o corpo querendo se desamarrar. Nosso corpo é como

* *Técnica de respiração consciente desenvolvida pelo americano Leonard Orr. Confira entrevista com Leonard Orr no segundo volume da série* Palavras de Poder.

** *Técnica criada pelo tcheco Stanislav Grof, baseada principalmente em respiração acelerada e música evocativa. Confira entrevista com Stanislav Grof no segundo volume da série* Palavras de Poder.

um bicho mantido preso. Se você dá oxigênio, ele começa a despedaçar as amarras. Chamo isso de técnica de exorcismo: coloque-se de pé e, por alguns minutos, respire bastante, estando bem presente ao corpo, deixando ele se mexer.

Risco é sinônimo de liberdade. (Roberto Freire, escritor e psicoterapeuta)

Agora, é importante uma ressalva aqui: existe um **risco**. Por causa da oxigenação a que a pessoa não está acostumada, às vezes podem aparecer bichos sérios, como, por exemplo, muito medo ou muita raiva. Assim, se quiser fazer esse exercício, é bom ter um amigo ao lado que lhe sirva de apoio numa situação difícil. Com o tempo, se adquire familiaridade. Mas, no começo, eu diria que é uma técnica altamente eficiente, mas ligeiramente perigosa. Assim, vá devagar e tenha uma assistência.

O SENHOR CHEGA A DIZER QUE A RESPIRAÇÃO TEM TUDO A VER COM O PRÓPRIO ESPÍRITO. QUAL É A RELAÇÃO?

Minha definição de espírito é esta: "Espírito é o invisível, todo-poderoso, que me dá vida". Ou seja, o espírito é o oxigênio do ar. Aliás, não é à toa que as palavras "respiração" e "espírito" têm a mesma origem etimológica, a raiz *spir* – a conexão entre as duas coisas é total, ambas falam do invisível que nos dá vida.

JÁ QUE TEMOS A SUA DEFINIÇÃO, GOSTARIA DE TRAZER UMA DO PSICANALISTA CARL G. JUNG, QUE O SENHOR DIZ SER SEU MAIOR MESTRE: "O ESPÍRITO É A EXPERIÊNCIA INTERIOR DO CORPO". O QUE ACHA DESSA AFIRMAÇÃO?

Assino embaixo. O Jung é meu pai espiritual. E o que é que ele está falando? Dê atenção a seu corpo; não se transforme numa estátua de imobilidade; não se mumifique. Uma múmia ou uma estátua não têm espírito, não têm vida. E a vida só acontece quando eu troco influências, quando me envolvo, plenamente, comigo mesmo e com o outro. Como já escrevi: "Quem não se envolve não se desenvolve".

NO LIVRO *TRATADO GERAL SOBRE A FOFOCA*, O SENHOR ABORDA A COMPULSÃO DE FALARMOS DA VIDA ALHEIA, DIZENDO SER ESSE "O MAIS FUNDAMENTAL DOS FENÔMENOS HUMANOS". O FALATÓRIO É MESMO TÃO GRANDE ASSIM?

O falatório é total. A fofoca é tida como um passatempo inofensivo, mas é a arma mais poderosa de controle social. Como eu disse, todos vigiam todos para que ninguém faça o que todos gostariam de fazer. O controle coletivo sobre o indivíduo se dá pelo nosso modo de **falar** do outro; a frase típica é esta: "Nossa, sabe a fulana? Você não imagina o que ela fez!". E a coitada da pessoa que está sendo alvo da fofoca ainda pensa: "Nossa, o que eu fiz? O que vão achar de mim...". Mas o que essa pessoa fez? Nada, apenas deixou de ser autômata, de marchar conforme o batalhão. Esse controle da fofoca é tão eficaz que o medo de ser falado está por trás da inibição da maioria de nossos desejos e projetos pessoais. Tudo em nome da bendita segurança coletiva. Aliás, eu adoro as palavras pela sua ambiguidade. Por exemplo, o que é ter "segurança"? É estar seguro – ou seja, é estar preso, sem poder se mexer.

Fale apenas quando souber que suas palavras serão melhores que seu silêncio. (Provérbio árabe)

UMA DAS COISAS QUE OUVIMOS O TEMPO INTEIRO É QUE PRECISAMOS SER PESSOAS EQUILIBRADAS. E O SENHOR TEM UMA FRASE DE QUE GOSTO MUITO, EM QUE DIZ: "O IMPORTANTE NÃO É SER EQUILIBRADO, MAS SER UM BOM EQUILIBRISTA". PODE FALAR SOBRE ISSO?

O que nos fez humanos foi a posição ereta. Cair em pecado é perder essa posição, é virar quadrúpede. E quem nos protege dessa "queda" é o cerebelo. Ameaçou cair, ele atua como o anjo da guarda: "Não caia em pecado". Mas ser equilibrado não quer dizer ser estático. Pelo contrário. O centro de gravidade do corpo varia o tempo todo, a cada posição nossa, ele se desloca para um ponto diferente. E a função do cerebelo é nos trazer de volta para o centro. O segredo é esse balanço. E nisso estão implícitas todas as formas de balanço que experimentamos na vida, como a alternância entre os momentos de repouso e atividade, de alegria e tristeza, de festa e introspecção. Ou seja, o importante não é ser equilibrado, fazendo tudo do jeito tido como "certo", mas ser um bom equilibrista, se mover nesse balanço, indo e voltando, experimentando a variedade da vida sem perder o centro de equilíbrio.

O SENHOR ESCREVEU QUE A PROPOSIÇÃO ESSENCIAL DE **WILHELM REICH**, ENQUANTO TERAPEUTA DO HOMEM OCIDENTAL, FOI ESTA: "A MAIS INSUPORTÁVEL DE TODAS AS ANGÚSTIAS É A ANGÚSTIA DE PRAZER". COMO SE DÁ ISSO?

Psicanalista austríaco, pioneiro no campo das terapias corporais, autor de obras como *A Revolução Sexual* e *O Assassinato de Cristo*.

Essa angústia de prazer está ligada ao que falamos antes, sobre a repressão em torno do ato de tocar, o medo de se envolver. E o próprio relacionamento sexual, que seria a melhor hora para se treinar o toque e o envolvimento, acaba funcionado ao contrário, pois as pessoas já entram com a intenção limitante de “aqui é para transar”. Com isso, acaba-se reduzindo a possibilidade amorosa a uma mera conquista. Esta é a forma mais refinada de repressão sexual. Em vez de perceber o outro, de entrar em contato com ele, a pessoa se preocupa apenas com a sua *performance*, com aquela exibição ansiosa de gritos e espasmos, em resolver logo a situação. Isso não é prazer, isso é ansiedade.

E COMO FAZER AS PAZES COM O PRAZER? COMO FAZER DO ENCONTRO A DOIS UM LEGÍTIMO RITUAL DE COMUNHÃO?

Com interesse, cuidado, atenção. O encontro amoroso envolve muito carinho, curiosidade, calma. O corpo adulto possui, em média, dois metros quadrados de pele, com nada menos que 500 mil pontos sensíveis. Ou seja, duas pessoas interessadas em descobrir uma à outra podem passar a vida inteira fazendo isso. O importante é ir aos pouquinhos, sem pressa, aprendendo a se tratar bem, se olhando, rindo, com muita presença e carinho. Aí sim nos aproximamos de um ritual de comunhão.

Há alguns anos, li a história de um monge budista que precisou passar por uma longa preparação até que lhe fosse permitido entrar num templo no centro mais sagrado da cidade de Lhasa, no Tibete. Então, quando o novato finalmente pôde entrar no templo, o que ele viu lá, bem em cima de um altar? Ele viu uma imagem belíssima de um casal em relação sexual, com o homem e a mulher sentados um de frente para o outro. E por que essa imagem está num altar? Porque o encontro sexual não é uma “transa”, é o ato da criação. Simplesmente isso.

MELHOR DE TRÊS

O FILÓSOFO FRIEDRICH NIETZSCHE DIZIA QUE UMA ESPÉCIE DE ORAÇÃO DE CADA PESSOA AO INICIAR O DIA DEVERIA SER UM PENSAMENTO DO TIPO "HOJE VOU DAR ALEGRIA A ALGUÉM". EM SUA OPINIÃO, QUAL DEVE SER A ORAÇÃO DE CADA PESSOA PARA COMEÇAR O DIA?

Todos os dias, ao acordar pela manhã, procure ficar uns cinco minutos a mais na cama, simplesmente verificando que você não é o mesmo de ontem.

O QUE É UMA PESSOA VIRTUOSA?

Não é uma, são duas: a criança e a mulher. Meus deuses são a criança e a mulher.

ATÉ HOJE, QUAL FOI O SEU MAIOR APRENDIZADO NA VIDA?

O corpo. Há décadas, aprendo com ele, refletindo, respirando, me mexendo. Meu corpo é meu melhor amigo e meu maior amor. Cuido tão bem dele quanto consigo, e ele cuida tão bem de mim quanto consegue. São dois milhões de anos de experiência que ele tem para me dar. E eu aproveito isso, procurando cultivar a minha sensibilidade. Você não imagina a finura de percepção que nós temos, mas quase ninguém usa. Se a pessoa consegue uma alta presença ao próprio corpo, ela não morre de doença, morre quando for sua hora, tranquilamente. Respire, mexa-se, esteja presente a seu corpo, esteja presente à vida. De minha parte, digo com certo orgulho: estou cada vez mais presente ao presente.

MESA-REDONDA

Chandra Lacombe pergunta:

"O QUE O SENHOR ACREDITA SER A RECEITA DA FELICIDADE PARA O HOMEM?"

Não acredito que haja uma receita da felicidade, ao menos eu não a conheço. Mas um dos segredos da felicidade é saber olhar sem intenção, olhar apenas para ver, para perceber o outro, como ele está nesse momento, como ele se coloca diante de mim. Se eu olho bem, se deixo meu corpo se colocar em relação ao outro, não há contato maior do que esse. E somente um contato assim pode ser o ponto de partida para o amor.

PARA SE CONHECER

Site:
https://pt.wikipedia.org/wiki/José_Ângelo_Gaiarsa
Livros:
Amores Perfeitos, de José Ângelo Gaiarsa (Ágora)
Meio Século de Psicoterapia Verbal e Corporal, de José Ângelo Gaiarsa (Ágora)

LIA DISKIN

ARTÍFICE DA PAZ

Numa história passada de geração a geração na Índia, dois garotinhos – um cego e um perneta – estão brincando no meio da floresta, distantes e desconhecidos um do outro, quando um enorme incêndio irrompe na mata. Desesperados, os meninos começam a gritar por socorro e, por conta dos gritos, acabam se achando. Mas, em prantos, eles só pensam no pior, afinal, o garoto que tem pernas para fugir não consegue ver o caminho, e o que tem olhos para enxergar a saída, além de ser aleijado, está às cegas em meio à fumaça. Tudo parecia perdido quando, juntos, eles chegam à ideia que seria a sua salvação: o garoto perneta sobe nos ombros do cego e, do alto, pode ver a clareira para a qual eles fogem em segurança, cada um sendo, respectivamente, as pernas e os olhos de seu companheiro.

Não à toa, esse é um dos contos preferidos de Lia Diskin, uma argentina que há décadas vive no Brasil, onde se dedica integralmente a atividades humanizadoras, em que elementos como a cooperação e a aceitação das diferenças constituem o alicerce das relações. Formada em jornalismo, Lia especializou-se em filosofia budista na Índia, sendo uma das fundadoras da Associação Palas Athena, em São Paulo, um centro de estudos sem fins lucrativos que recebe milhares de pessoas por ano para cursos e palestras em áreas como filosofia, meditação, psicologia e educação. Ela também foi a coordenadora do Comitê Paulista para a Década da Cultura de Paz, um programa da Unesco que, entre 2001 e 2010, deu origem a dezenas de programas culturais e socioeducativos.

Aos 65 anos, seu currículo inclui ainda a edição da maioria das obras de Joseph Campbell no Brasil, além de ser ela a responsável pelas visitas do Dalai Lama ao nosso país e à América do Sul. O que para muitos seria motivo de vaidade, para ela é só mais um estímulo à cooperação: "A vida não se resume a sermos competitivos, mas a sermos uma presença amigável na vida".

PARA COMEÇARMOS EM PAZ, O QUE CONSTITUI O FUNDAMENTO DA CONVIVÊNCIA PACÍFICA?

Um dos elementos imprescindíveis é a confiança mútua, a honestidade entre as partes, o que, infelizmente, tem faltado num mundo como o nosso, em que a grande prioridade é a competitividade. Com isso, não vejo o outro como um possível parceiro, eu o vejo como um competidor, alguém que pode ocupar meu espaço. Assim, para uma convivência pacífica, temos que incorporar em nossa vida elementos como o respeito à singularidade de cada um e, sobretudo, a confiança.

Além disso, há uma paz interna, que só se conquista por meio da auto-observação, da compreensão de si mesmo, da integração das múltiplas vozes que, a toda hora, escutamos internamente. Para escolher corretamente que vozes iremos ouvir e seguir, é preciso um mínimo de autoconhecimento, de familiaridade com nosso repertório de emoções. O que nos define como seres humanos não é o fato de sermos racionais, mas, sim, o fato de termos um repertório emocional que nos humaniza, coisas como a generosidade, o cuidado, a capacidade de perdão.

A SENHORA TAMBÉM DIZ QUE UMA PARTE IMPORTANTE DESSE PROCESSO DE HUMANIZAÇÃO É TERMOS CONSCIÊNCIA DE QUE SOMOS UM PROJETO INACABADO, AINDA EM CONSTRUÇÃO.

Sim, nós somos criaturas inacabadas, que pertencem a uma espécie com infinitas potencialidades ainda não realizadas. Algo que não ocorre com outras espécies. Por exemplo, quando nasce uma formiga, ou um golfinho, eles já sabem o que têm que fazer, qual é o seu papel na comunidade. Nós, por outro lado, estamos construindo um projeto humano há milênios, geração após geração, com a contribuição de cada indivíduo. Essa consciência, inclusive, nos ajuda a não sermos vítimas da tirania do perfeccionismo. Tudo indica que somos um projeto inacabado em um macroprojeto da vida.

ISSO LEMBRA ALGO QUE DIZIA **MAHATMA** GANDHI, QUE "NÃO VALE A PENA TER LIBERDADE SE ISSO NÃO INCLUI A LIBERDADE DE COMETER ERROS". OU SEJA, MUITO DESSA ATITUDE PACÍFICA INCLUIRIA A ACEITAÇÃO DE NOSSAS PRÓPRIAS FALHAS?

Atribuído a Gandhi pelo poeta indiano Rabindranath Tagore, o título Mahatma quer dizer "a grande alma".

Certamente. Inclui a aceitação de nossas falhas, de nossa necessidade de aprendizado, de nossa vulnerabilidade, e também a compreensão de que, essencialmente, somos seres incoerentes, contraditórios. Como eu disse, nós temos múltiplas vozes internas. Só que, às vezes, essas vozes colidem entre si, e ficamos paralisados, sem saber o que fazer. É um grande desafio saber fazer essas escolhas internas, mas é algo inerente ao nosso aprendizado, assim como o fato de cometermos erros. Assim, quando Gandhi fala a respeito dessa liberdade de errar, ele o faz em função de sua profunda consciência de qual é a condição humana, de que o **erro** é um elemento fundamental em nosso crescimento.

"Em que está trabalhando?", perguntaram ao sr. Keuner. Ele respondeu: "Tenho muito o que fazer, preparo meu próximo erro". (Trecho de *Histórias do sr. Keuner*, do poeta e dramaturgo alemão Bertolt Brecht)

GANDHI TAMBÉM FALAVA QUE, "PARA COMBATER A INJUSTIÇA, É NECESSÁRIO AUTOEDUCAR-SE". NESSE SENTIDO, SINTO QUE UMA DAS VOZES INTERNAS QUE MAIS PRECISAMOS EDUCAR É AQUELA VOZINHA QUE INSISTE EM NOS COLOCAR NO PAPEL DE VÍTIMA, COMO MUITAS VEZES ACABAMOS FAZENDO...

Sem dúvida. O próprio Gandhi fala que o primeiro ato no caminho da não violência é não aceitar qualquer tipo de humilhação. Aliás, a questão a respeito da não violência em Gandhi tem que ser bem esclarecida, pois, em geral, entende-se como se fosse uma atitude passiva, de aceitação de qualquer coisa – o que passa longe da verdade. É inadmissível permitir que uma pessoa inflija dor em outra. Nosso propósito é inviabilizar a capacidade de ação agressiva do outro, é ajudar a resgatar no outro o espírito da saúde, da sensatez, para que não se perpetue nele um comportamento predatório e autodestrutivo. Ainda segundo Gandhi, é fácil ver se estamos agindo de modo correto: quando uma situação é resolvida de forma não violenta, não fica ressentimento algum entre as partes.

UMA RAZÃO PELA QUAL PARECE SER IMPOSSÍVEL OBTERMOS A PAZ É A IDEIA DE QUE PAZ IMPLICA AUSÊNCIA DE CONFLITO, DE ATRITO ENTRE AS PARTES, QUANDO, NO FUNDO, ESSE EMBATE É ESSENCIAL. A SENHORA PODE FALAR SOBRE ESSE PAPEL POSITIVO DO ATRITO?

Temos que fazer uma distinção clara entre conflito e confronto, que são coisas diferentes. O conflito é absolutamente inerente à condição humana, todos nós temos conflitos internos, que não são opostos da **paz**. E, assim como é natural que tenhamos esses conflitos internos, é natural que, ao se externarem na vida social, eles reflitam uma multiplicidade de interesses difícil de ser equacionada. Ou seja, o conflito é inerente ao convívio social, pois reflete a diversidade de aspirações dos indivíduos. Agora, como fazer para que esses conflitos não se tornem confrontos? Essa é a grande habilidade que desenvolvemos por meio dos chamados caminhos da mediação, do diálogo, da criação de consenso. Todos eles são mecanismos de solução de impasses por meio da exteriorização da palavra, num contexto em que a confiança e a transparência são as bases de sustentação.

A paz também é uma coisa viva, e, como todo ser vivente, precisa crescer e diminuir, precisa adaptar-se, precisa enfrentar crises e experimentar transformação. (Trecho de *O Jogo das Contas de Vidro*, do escritor alemão Hermann Hesse)

AO FALARMOS DE VIOLÊNCIA, EM GERAL PENSAMOS NOS CASOS DE AGRESSÃO FÍSICA OU VERBAL, NOS ESQUECENDO DA VIOLÊNCIA QUE ACONTECE NOS NÍVEIS MENTAL E SIMBÓLICO. QUAL É A SUA VISÃO SOBRE ISSO?

A violência pode adquirir múltiplas faces. Há uma violência direta, facilmente verificável – em que uma pessoa fere a outra verbal ou fisicamente –, mas também existe outra, que é a violência estrutural. Nós, por exemplo, vivemos numa sociedade estruturalmente violenta. Por quê? Porque é desigual, oferecendo oportunidades a alguns, enquanto nega a outros. E temos ainda outro tipo de violência, que é a simbólica, simulada, como no caso de certas pegadinhas que vemos na televisão, em que a diversão é rir da desgraça alheia. Por exemplo, um gato que se espatifa no chão, ou uma criança que cai da bicicleta, tudo isso é motivo de riso quando deveria ser motivo de empatia. Isso é violência simbólica, em que se inibe um impulso natural de empatia, que seria prestar socorro, se identificar com o sofrimento do outro, passando tudo para o universo da chacota.

E QUAL É O PAPEL DE UMA EDUCAÇÃO ADEQUADA, SOBRETUDO A INFANTIL, NESSE CENÁRIO?

A educação tem um papel essencial, em todos os sentidos. Por causa de nosso foco na competitividade, retirou-se das salas de aula todo um repertório de disciplinas humanizadoras, baseadas no universo das artes e da filosofia, em atividades em grupo, em jogos cooperativos. O resultado? Há escolas hoje que, desde o ensino fundamental, já ensinam como administrar dinheiro ou se dedicam à alfabetização eletrônica. Ou seja, a criança sabe tudo de joguinhos eletrônicos, mas não tem alfabetização emocional. Ela não sabe por que sente raiva, por que sente ciúme, por que sente inveja e, às vezes, não sabe sequer distinguir uma emoção da outra. São questões que precisam ser revistas. É essencial reintegrarmos disciplinas humanizadoras no cenário escolar, disciplinas que despertem a empatia, a cooperação. A vida não se resume a sermos cada vez mais competitivos, mas a sermos uma presença amigável na vida.

Lembro-me de uma história real que li há algum tempo, sobre um professor americano que havia sido enviado para **ensinar** numa aldeia africana. Interessado em conhecer como era o jeito de ser dos jovens do local, um dia ele comprou um monte de doces e propôs o seguinte aos rapazes: "Vamos fazer uma corrida, e quem chegar primeiro naquela árvore, no final do campo, vai ganhar esta cesta cheia de doces". Os jovens então se colocaram lado a lado, e ele começou a contar "um, dois, três...". Acontece que, na hora do "já", todos os rapazes, de forma absolutamente espontânea, se deram as mãos e começaram a correr juntos! Esse professor, claro, começou a refletir: "O que há na educação desses jovens? O que faz com que eles, de forma tão natural, optem por se dar as mãos para que cheguem juntos e compartilhem os doces?".

Você ensina melhor o que mais precisa aprender. (Richard Bach, escritor americano)

QUANTO A ESSA COISA DA RIVALIDADE, NO CLÁSSICO CHINÊS *A ARTE DA GUERRA*, DE SUN TZU, SE DIZ: "CONHECE O INIMIGO, CONHECE-TE A TI MESMO; TUA VITÓRIA NUNCA SERÁ POSTA EM RISCO. CONHECE O TERRENO, CONHECE O TEMPO; TUA VITÓRIA ENTÃO SERÁ TOTAL". GOSTARIA QUE A SENHORA COMENTASSE ESSE TRECHO, À LUZ DO QUE DIZ O FILÓSOFO INDIANO NAGARJUNA: "MESMO QUE PASSE A VIDA MATANDO, VOCÊ NUNCA ELIMINARÁ TODOS OS SEUS RIVAIS. MAS, SE DIZIMAR SEU PRÓPRIO ÓDIO, SEU VERDADEIRO INIMIGO SERÁ DESTRUÍDO".

Olha, em relação a essa história de derrotar inimigos internos, atrevo-me a perguntar: quem é que coloca esse rótulo de "inimigo"? O que tenho internamente são vozes imaturas, são questões que não soube resolver de forma inteligente ou que não pude sequer identificar, pois a sociedade não me deu instrumentos para isso. Apesar de ser uma constante na literatura espiritual, penso que devemos repensar essa instrução de "derrotar seus inimigos". Talvez nós tenhamos é que pegar no colo esse personagem interno que rotulamos como inimigo e dizer: "O que está doendo? Por que você está se expressando dessa forma? Por que está querendo se vingar? Será que, se vingando, resolve algo?". Precisamos começar a refletir concretamente a esse respeito. Ainda mais hoje, quando temos todos os instrumentos necessários para nos alfabetizar emocionalmente, como a imensa sabedoria disponível nas mais variadas tradições filosóficas e espirituais, tudo à nossa mão.

Os governos dos Estados-Membros, em nome de seus povos, declaram que, posto que as guerras nascem na mente dos homens, é na mente dos homens que devem erigir-se os baluartes da Paz. (Trecho da *Carta de Constituição da Unesco*, em 1945)

NESSE PROCESSO DE REEDUCAÇÃO DA **MENTE**, DE FAZER COM QUE NOSSAS VOZES INTERNAS SE DEEM AS MÃOS, TAMBÉM DEVEMOS CONSIDERAR PRÁTICAS COMO A TERAPIA E A MEDITAÇÃO?

Sem dúvida. A meditação é um caminho valiosíssimo. Além de ampliar a nossa percepção da realidade, do modo como nos colocamos no universo à nossa volta, a meditação ajuda a pessoa a se familiarizar com seu próprio universo interno, ou seja, a familiarizar-se consigo mesma. Não acredito que haja outro instrumento mais precioso à mão do que as práticas meditativas. E há um repertório imenso de práticas, basta a pessoa escolher com qual ela mais se identifica.

Quanto à psicoterapia, também é muito valiosa. Como o próprio Freud dizia: a palavra dita cura. Ao exteriorizar seus sentimentos através da palavra, a pessoa consegue se distanciar do problema que está vivendo e, com isso, pode enxergar melhor a situação. A única questão é que a psicoterapia nem sempre é acessível para todos e, claro, não está disponível 24 horas por dia, ao passo que a meditação é um recurso que todos têm a seu dispor, cotidianamente.

EM RELAÇÃO À VIDA COTIDIANA, EM *O PODER DO MITO*, AO COMENTAR SOBRE COMO VIVER DE FORMA ESPIRITUALIZADA, JOSEPH CAMPBELL DIZ QUE, "NOS TEMPOS ANTIGOS, ESSA ERA A TAREFA DO PROFESSOR. ELE FORNECIA AS CHAVES PARA A VIDA ESPIRITUAL. (...) ERA PARA ISSO, TAMBÉM, QUE SERVIA O RITUAL. (...) E É A PARTIR DESSA EXPERIÊNCIA QUE SE PODE APRENDER A VIVER ESPIRITUALMENTE". COMO PROFESSORA, QUAL DICA A SENHORA DARIA PARA APRENDERMOS A RITUALIZAR NOSSO COTIDIANO?

Em geral, nós colocamos "metas" na vida, passando a viver em função delas, como se a própria vida já não fosse uma meta. Nós esquecemos que o único sentido da vida é viver. Isso não significa que vamos sair por aí de forma inconsequente, sem planejar as coisas, mas, sim, que eu não espero para começar a viver só depois que tiver conseguido o título da universidade, o cargo respeitável ou o grande amor. A pessoa ritualiza seu cotidiano à medida que se engaja no próprio ato de viver, tendo isso como seu grande projeto. Qual deve ser o nosso objetivo na vida? Viver. Agora, como vamos viver, essa é a questão. Nosso viver tem que ser um viver amigável, que agregue vida, que gere conforto, segurança. Por quê? Porque cada uma de nossas ações repercute nos outros, e temos que cuidar para que essa influência seja a mais benéfica possível.

POIS É, MARTIN LUTHER KING ATÉ DIZIA QUE "CADA DIA É O DIA DO JULGAMENTO, E NÓS, COM NOSSOS ATOS E NOSSAS PALAVRAS, COM NOSSO SILÊNCIO E NOSSA VOZ, VAMOS ESCREVENDO CONTINUAMENTE O LIVRO DA VIDA. (...) PORTANTO, A MAIS URGENTE PERGUNTA A SER FEITA NESTA VIDA É: 'O QUE FIZ HOJE PELOS OUTROS?'". SERIA POR AÍ ENTÃO O CAMINHO, A DOAÇÃO DE SI PARA O OUTRO?

Sim, mas lembrando que uma relação nunca é de mão única, sempre são duas vias. Fazer algo para o outro é bom não só para o outro, mas para mim também. Por exemplo, é muito gratificante poder oferecer um jantar para os amigos, assim como é gratificante, para mim, ver que eles gostaram. Assim, quando faço para o outro, eu o faço porque me causa um imenso prazer também. Agora, se por ser prazeroso para mim, eu quiser impingir no outro a obrigação de receber algo que eu queira fazer ou dar, daí temos um problema. Pois, nesse caso, não estou levando a outra pessoa em consideração, ela é apenas um veículo para a satisfação egoísta de meu próprio prazer.

COMO RESPONSÁVEL PELAS VISITAS DO DALAI LAMA AO BRASIL E À AMÉRICA DO SUL, A SENHORA JÁ COMPARTILHOU VÁRIAS EXPERIÊNCIAS COM ELE. QUAL FOI O PRINCIPAL ENSINAMENTO QUE APRENDEU NESSA CONVIVÊNCIA COM O DALAI LAMA?

O convívio com o Dalai Lama já me trouxe incontáveis aprendizados, mas o maior ensinamento que tive com ele talvez tenha sido a consciência da absoluta *interdependência* da vida. Por exemplo, em todas as suas viagens, antes de deixar alguma cidade, ele faz questão de ir até a cozinha do hotel em que se hospedou e agradecer ao cozinheiro, aos ajudantes de cozinheiro; ele reúne todas as pessoas que estiveram a serviço dele, como as equipes de limpeza e de segurança, e agradece a cada um pelo benefício que lhe propiciaram, de lhe permitir cumprir a própria responsabilidade dele. É o reconhecimento de que nenhum de nós faz o que faz apenas por mérito próprio, mas porque existe uma cadeia de méritos interligando todas as pessoas, cada uma desempenhando o seu papel, que é indispensável.

Isso tem a ver com outra coisa que ele sempre repete. Todos nascemos tão frágeis, tão despreparados para dar conta da vida, que só conseguimos sobreviver graças ao cuidado de outras pessoas, como nossos pais. No final da vida, quando também estamos mais frágeis, possivelmente vamos precisar de alguém que nos atenda. É aí que entra a grande questão: se sabemos da importância das outras pessoas em momentos tão cruciais de nossa vida, que são o começo e o final, o que acontece no **meio**? Se nós somos frutos do afeto e da dedicação dos outros, como nos recusamos a ser também uma fonte de cuidado para eles? Essa é uma questão que o Dalai Lama sempre traz, algo importante de que precisamos nos lembrar.

Digo: o real não está na saída nem na chegada: ele se dispõe para a gente é no meio da travessia. (João Guimarães Rosa)

MELHOR DE TRÊS

O FILÓSOFO FRIEDRICH NIETZSCHE DIZIA QUE UMA ESPÉCIE DE ORAÇÃO DE CADA PESSOA AO INICIAR O DIA DEVERIA SER UM PENSAMENTO DO TIPO "HOJE VOU DAR ALEGRIA A ALGUÉM". EM SUA OPINIÃO, QUAL DEVE SER A ORAÇÃO DE CADA PESSOA PARA COMEÇAR O DIA?

Joseph Campbell dizia que a primeira função de um mito – e, por extensão, a de um caminho espiritual – é despertar o sentimento de espanto perante a vida, o sentimento de maravilhamento perante a vida. E, de fato, por mais conhecimento científico que tenhamos, a existência permanece algo extremamente miraculoso. Como se dá o mistério admirável da vida? Estamos imersos nesse mistério e, por medo dessa grande questão, corremos o risco de perder o sentimento de espanto perante a vida. Assim, penso que minha prece diária seria esta: "Por favor, que eu tenha a sensatez de não perder o sentimento de maravilhamento pela vida".

O QUE É UMA PESSOA VIRTUOSA?

Uma pessoa virtuosa é aquela que honestamente está empenhada em tornar-se uma presença amigável neste mundo. É uma pessoa que busca inspirar aproximação, confiabilidade, sinergia, é alguém que verdadeiramente busca promover o bem-estar, trazer benefícios e calor ao meio em que convive.

ATÉ HOJE, QUAL FOI O SEU MAIOR APRENDIZADO NA VIDA?

Penso que talvez tenha sido mesmo a consciência da interdependência da vida. Quando olho para o horizonte, tentando ver onde estão as raízes que possam dar sentido ao futuro, sinto que elas estão onde há sinergia de aspiração, trabalho em equipe, possibilidade de compartilhamento, cooperação. Isso inclui a capacidade de acolher a diversidade, de aprender a não fazer do diferente algo que me amedronte, mas, pelo contrário, tornar-me cada vez mais receptiva para, por meio do diferente, aprender ainda mais.

MESA-REDONDA

Gudrun Burkhard pergunta:

"A INSTITUIÇÃO FUNDADA PELA SENHORA SE CHAMA PALAS ATHENA, REMETENDO A TODO O SABER QUE SE FORMOU NA GRÉCIA, ONDE ATHENA É A DEUSA DA SABEDORIA. PARA A SENHORA, QUE ASPECTOS DE NOSSA CIVILIZAÇÃO ATUAL REPRESENTARIAM A VERDADEIRA SABEDORIA E COMO NÓS PODEMOS INCENTIVAR AS PESSOAS A DESENVOLVER UMA SABEDORIA QUE SE TRANSFORMA EM AÇÃO, QUE SE TRANSFORMA EM AMOR?"

Atualmente, podemos ver que há um crescente interesse por parte das ciências da saúde, em especial por parte das neurociências, no estabelecimento de um diálogo com o saber oferecido pelas várias tradições espirituais. Por séculos, a ciência e a espiritualidade estiveram distantes na cultura ocidental, considerando-se mutuamente excludentes, e a aproximação entre esses dois campos hoje é evidente, o que nos dá um panorama muito promissor. Com isso, o espaço privilegiado que a racionalidade ocupou até a metade do século XX começa a ceder lugar a uma outra dimensão, que é a dimensão das emoções, da imaginação, da intuição criativa, dos sentimentos. Penso que essa abertura para o diálogo de saberes é um sinal significativo de maturidade e, portanto, de sabedoria. Seguramente, nossos esforços nessa direção serão um instrumento precioso para minimizar os sofrimentos decorrentes da intolerância, da injustiça e da exclusão no mundo.

PARA SE CONHECER

Site:

www.palasathena.org.br

Livros:

Cultura de Paz – Redes de Convivência, de Lia Diskin (Senac)

Vamos Ubuntar? Um Convite para Cultivar a Paz, de Lia Diskin (Unesco)

ALEX POLARI

EM ÊXTASE COM DEUS

Um dos grandes poetas americanos, o escritor Allen Ginsberg também era um buscador espiritual e, nos anos de 1960, embrenhou-se na Amazônia peruana para tomar o chá sagrado dos xamãs. Num dos relatos da experiência, ele diz: "Quanto mais se satura de *ayahuasca*, mais fundo se vai – visitar a lua, ver os mortos, ver Deus – (...) tomarei mais algumas vezes (...) eu gostaria de saber (...) quem eu sou, ou o que eu sou". Uma busca interior semelhante à vivida pelo paraibano Alex Polari de Alverga, ex-guerrilheiro que passou nove anos preso por causa de suas ações contra a ditadura no Brasil. Escritor, poeta e jornalista, ele deixou para trás os horrores do cárcere ao abraçar o caminho do Santo Daime, ou "doutrina da floresta", como é chamada por basear-se no uso da *ayahuasca*, bebida psicoativa considerada sagrada por indígenas na Amazônia. Consumida ritualisticamente há milênios pelos nativos, ela foi introduzida nos meios urbanos brasileiros e deu origem a várias crenças que a têm como sacramento, como a União do Vegetal (UDV) e

Obtida a partir da fervura de duas plantas amazônicas – o cipó jagube (*Banisteriopsis caapi*) e o arbusto chacrona (*Psychotria viridis*) –, a *ayahuasca* representa, na tradição indígena, o elo com o mundo espiritual. Mais de 70 tribos na Amazônia têm o chá como centro de sua cosmogonia.

o Santo Daime. Para essas doutrinas, a ***ayahuasca*** é a chave deixada por Deus no mundo vegetal para que o homem chegue até Ele.

Alex Polari teve contato com a bebida pela primeira vez no início da década de 1980, ao participar da primeira comissão que foi estudar o ritual na Amazônia. Desde então, fundou uma igreja em Visconde de Mauá, no Rio de Janeiro, e difundiu os princípios da doutrina nos grandes centros urbanos, tornando-se uma de suas lideranças – ele é um dos dirigentes do Cefluris, uma das principais vertentes do Santo Daime (a outra se chama Alto Santo).

Aos 64 anos, padrinho Alex, como é chamado pelos adeptos da doutrina, vive hoje em uma comunidade na vila Céu do Mapiá, no sul do Amazonas. Lá, no meio da floresta, fica a sede do movimento que, numa espécie de diáspora verde, já se espalhou pelo mundo, com centros na Europa, nos Estados Unidos e no Japão. “Existem várias portas de entrada para a experiência divina”, diz ele. “Precisamos compreender que há algo mais do que a vida material e incorporar valores como a caridade e o altruísmo, que não são apenas valores éticos, mas, sobretudo, espirituais. Onde eles estão presentes, Deus está presente.”

O QUE LEVOU UM EX-MILITANTE DE ESQUERDA AO SANTO DAIME?

Tive um engajamento muito radical e buscava, por meio de minha militância política, transformar profundamente a sociedade. Após esse período, a opção espiritual do Santo Daime se apresentou naturalmente, como continuidade e superação disso. Mostrou-me a urgência de nos voltarmos para uma revolução interior, porque, sem essa, é muito difícil mudarmos o mundo de forma correta.

EM SUA OPINIÃO, POR QUE, AINDA HOJE, HÁ TANTO PRECONCEITO COM AS CRENÇAS QUE COMUNGAM A *AYAHUASCA*, COMO O SANTO DAIME?

Pela confusão que ainda persiste em alguns círculos, de não diferenciar o Daime, que é uma bebida sagrada, de um alucinógeno. Mas, aos poucos, esse preconceito vai sendo vencido. Em 1987, após anos de estudos promovidos pelo antigo Conselho Federal de Entorpecentes (Confen), um parecer do governo federal legitimou o uso sacramental do Daime. Desde essa época, nossas igrejas funcionam legalmente como uma tradição religiosa. Longe de ser uma coisa nociva à saúde, o Daime é uma bebida enteógena, como a chamamos, para distingui-la dos alucinógenos. **Enteógeno** significa um veículo capaz de produzir uma experiência de Deus interno, de realização espiritual plena.

Usado por estudiosos das plantas sagradas, o termo "enteógeno" vem da união do grego *entheos*, que significa "deus dentro", com a raiz *gen*, que indica a ação de "tornar-se".

E QUAIS SÃO OS PRINCIPAIS FUNDAMENTOS DA DOUTRINA?

O Santo Daime remonta às tradições religiosas que buscam uma conexão com o mundo espiritual por meio das plantas sagradas, como na Índia, berço da cultura védica, onde se fazia o uso cerimonial de uma bebida psicoativa, o Soma. Na tradição indígena, a *ayahuasca* representa a "liana dos mortos", a ponte de ligação para o mundo dos espíritos. Quando o mestre Raimundo Irineu Serra, um maranhense, foi viver na Amazônia e teve contato com a *ayahuasca*, ele rebatizou a bebida como Daime, a partir das visões e das revelações que teve, e fundou nossa doutrina. O nome Santo Daime significa o rogativo que os fiéis fazem ao comungar a bebida, no sentido de "Dai-me": dai-me luz, dai-me **cura**, dai-me conhecimento, dai-me amor. Assim, o fundamento primordial da doutrina é comungar com essa força de Deus, essa entidade espiritual manifesta na bebida, como um instrumento de elevação da consciência e de união com o divino.

É parte da cura o desejo de ser curado. (Sêneca, filósofo romano)

O SINCRETISMO NO SANTO DAIME É BEM FORTE, NÃO É?

Sim, o próprio nome de nossa igreja, Centro Eclético da Fluente Luz Universal (Cefluris), presta tributo a todas as contribuições espirituais. A base da doutrina é a espiritualidade xamânica, mas ela também incorpora elementos do cristianismo, do kardecismo, das religiões africanas e da religiosidade oriental, como a ideia da reencarnação. Esse ecletismo permite que pessoas de qualquer crença passem a limpo a sua fé dentro da luz do Daime por meio de *insights* e visões. O Daime trabalha com a consciência visionária das mirações, que são as revelações que temos ao tomar a bebida.

E COMO DISCERNIR SE ESSAS VISÕES SÃO DE ORIGEM DIVINA OU MERAS ALUCINAÇÕES CRIADAS PELA MENTE?

Por meio da integridade e da convicção que a pessoa tem da sua experiência interna. Num nível mental, realmente há riscos de se confundir uma experiência mística, de realização espiritual, com fantasias e outros tipos de distorções perceptivas. Mas o estado visionário é uma experiência tão extraordinária, tão irretorquível que, ao chegar a esse nível de consciência, a pessoa tem que acreditar, ter fé de que se trata de uma vivência legítima, pois a realidade das visões é tão ou mais real do que aquela convencionada por nossa consciência ordinária, embotada pelo estresse do dia a dia.

QUAL É O PAPEL DOS HINOS ENTOADOS DURANTE O RITUAL?

Nossa doutrina é eminentemente musical. Consideramos os hinos uma coisa sagrada, quase da mesma importância que o próprio Daime, pois eles são revelados à pessoa que os recebe durante as visões, sem que ela tenha nenhuma intenção consciente de compor um **hino**. Enquanto vamos cantando e escutando os hinos, eles nos ajudam a compreender o que está se passando em nosso processo interior, para trilharmos com segurança o caminho espiritual, pois o Daime é uma espécie de atalho que nos permite abreviar muito nossa evolução espiritual, é um catalisador, um encurtador de distância bastante democrático, proporcionando a experiência da realização espiritual para pessoas que talvez nunca imaginassem ter esse mérito. Possibilita que a pessoa tenha uma genuína experiência mística a partir de seu esforço no presente, queimando várias etapas cármicas mais rapidamente.

Cismavas... de astro em astro teu pensamento errava
Rasgando o reposteiro da seda azul dos céus;
E teu ouvido atento... em êxtase escutava
Nas virações da noite o respirar de Deus. (...)
Canta, poeta, os hinos, com que o silêncio acordas,
A natureza – é uma harpa presa nas mãos de Deus.
O mundo passa... e mira o brilho dessas cordas...
E o hino?... O hino apenas chega aos ouvidos teus.
(Castro Alves)

MAS, AO QUEIMAR ESSAS ETAPAS TÃO RAPIDAMENTE, NÃO HÁ O RISCO DE A PESSOA SOFRER UMA RUPTURA PSICOLÓGICA?

O conhecimento espiritual através das plantas sagradas implica expandir a consciência e diminuir o ego. Para poder se identificar com a centelha de Cristo em nós, é preciso extinguir todas as limitações de personalidade. Mas é um trabalho profundo, e pessoas que não estão preparadas não podem trilhar esse caminho. Por isso, temos por princípio não fazer proselitismo nem apregoamos o Daime como sendo a salvação para todos. Nós nos cercamos de muitos cuidados e buscamos, em nossas igrejas, conhecer antes aqueles que nos procuram. Fazemos uma entrevista em que damos orientações sobre o trabalho e checamos possíveis casos de pessoas que talvez devam procurar outro caminho mais apropriado à sua realidade.

NO SANTO DAIME HÁ UMA RECOMENDAÇÃO DE QUE OS INICIADOS NÃO CONVIDEM NINGUÉM DE FORA PARA PARTICIPAR DO RITUAL. DIZ-SE QUE SE DEVE ESPERAR QUE A PESSOA PEÇA PARA IR A UMA CERIMÔNIA, SOB O ARGUMENTO DE QUE O SAGRADO NÃO SE OFERECE, MAS DEVE SER BUSCADO. COMO É ISSO?

Esse cuidado existe em várias tradições. No nosso caso, como princípio geral, compreendemos que é importante que a própria pessoa se sinta madura e preparada para empreender uma jornada de autoconhecimento. Ainda mais quando sabemos que o trabalho com o enteógeno é bem intenso, no qual se pode enfrentar passagens fortes, nem sempre fáceis de atravessar. Por isso, não temos um perfil missionário, de angariar fiéis; como o próprio mestre Irineu disse: "O Daime é para todos, mas nem todos são para o Daime". Muitos se reconhecem nesse caminho, mas muitos não. Isso é natural. Existe até um hino do Teteo, outra pessoa importante na nossa doutrina, que chega a dizer: "Convidar é um erro fraternal". Ou seja, é algo que, algumas vezes, fazemos com a boa vontade de ajudar, mas isso deve estar sempre subordinado ao ponto principal, que é a própria pessoa assumir plenamente a responsabilidade de sua busca espiritual.

EM RELAÇÃO AO ASPECTO MAIS IMPALPÁVEL DO TRABALHO COM O ENTEÓGENO, DA EXPERIÊNCIA VISIONÁRIA, GOSTARIA DE TRAZER ALGO QUE DIZ O ESCRITOR AMERICANO HENRY D. THOREAU: "SE VOCÊ CONSTRUIU CASTELOS NO AR, O SEU TRABALHO NÃO PRECISA ESTAR PERDIDO; É LÁ QUE ELES DEVEM FICAR. AGORA PONHA OS ALICERCES POR BAIXO DELES". NESSE SENTIDO, COMO ALICERÇAR OS ENSINAMENTOS OBTIDOS NOS MOMENTOS DE ÊXTASE E TRANSPÔ-LOS PARA O DIA A DIA?

Esse é o grande desafio. Buscar uma conexão com o divino, mas, ao mesmo tempo, esforçar-se para que essa aquisição espiritual se traduza em uma realização na vida prática. É aí que está o teste de todo espiritualista. Não adianta professar uma crença, uma fé, se não estamos preocupados com nosso irmão nem temos compaixão por aqueles que estão sofrendo. É essencial aliar o aprendizado obtido na **contemplação** com o serviço ao próximo. Temos que crescer espiritualmente, mas também realizar a nossa obra na Terra.

O que o homem recebe em contemplação verte em amor. (Meister Eckhart, filósofo místico alemão)

QUANTO ÀS OBRAS NA TERRA, NO SANTO DAIME SE FALA BASTANTE DE UM "GRANDE BALANÇO" PLANETÁRIO QUE ESTÁ POR VIR. O QUE É E QUANDO VIRÁ ESSE BALANÇO? TRATA-SE DE UM APOCALIPSE REAL OU SIMBÓLICO?

Na verdade, sinto que já estamos no meio desse balanço. Basta vermos a quantidade de eventos como terremotos e *tsunamis* que vêm ocorrendo na Terra. Muitas tradições, por meio de seus santos e seus profetas, têm alertado de alguma forma para essa realidade, que é a de um tempo de purificação pelo qual teremos de passar, desse "grande balanço" que, como eu disse, sinto que já estamos vivendo. Há estudos finos, realizados no plano espiritual, que falam dos sinais desse momento, desse grande tempo de "apuro", como chamamos.

Mas isso não tem nada a ver com essa paranoia apocalíptica que por vezes toma conta das pessoas. O próprio padrinho Sebastião Mota, patrono de nossa vertente no Santo Daime, dizia: "Vocês devem tomar muito cuidado, mas não deixem de plantar sua macaxeira, sua batata e se preparar para o futuro". Encontramos essa mesma postura na *Bíblia*, na epístola de São Paulo aos tessalonicenses, advertindo que os discípulos não deviam ficar esperando pela segunda vinda do Cristo, achando que não precisavam fazer nada, já que tudo ia acabar mesmo. Na verdade, do ponto de vista espiritual, pouca diferença faz se a pessoa vai ser chamada a outro plano num evento apocalíptico, catastrófico, ou se esse tal balanço vai acontecer em casa, na sua própria cama. O que importa é que, ao longo da vida, ela se prepare para fazer essa passagem.

E COMO O SENHOR ENXERGA ESSA PASSAGEM?

A morte é um complemento da vida, uma passagem para um plano de consciência diferenciado, dissociado de nossa existência corpórea. Quando Cristo fala em morrer para nascer de novo, é mais ou menos isto: termos a consciência de que a vida é um estado de ser que não depende necessariamente de estar vinculado à matéria. No estado visionário, conquistamos essa certeza e vamos adquirindo uma serenidade para enfrentar essa passagem da maneira mais natural possível.

RETOMANDO O QUE FALAMOS ANTES SOBRE A IMPORTÂNCIA DOS HINOS PARA OS ADEPTOS DO DAIME, O SENHOR MESMO JÁ CANALIZOU VÁRIAS DESSAS MÚSICAS. SE FOSSE POSSÍVEL RESUMIR O SEU LEGADO EM ALGUM DOS HINOS QUE RECEBEU, QUAL DELES O SENHOR CANTARIA AGORA?

É difícil dizer, mas um hino no qual me reconheço bastante se chama *Mensagem das Estrelas*. Ele diz:

Eu estou aqui procurando o sentido
O mistério de dar em vez de receber
Romper com o ego, ilusão e mentira
E poder penetrar na verdade da vida

Isso aqui é o começo, não é despedida
Não meço distância, firmo meu caminho
Um dia eu chego numa praia deserta
E recebo a mensagem que vem das estrelas

É tudo um mistério que vem da floresta
Um canto de amor ao Rei do Universo
Segredo que pode ser bem decifrado
Se a sintonia vem do coração

Termino dizendo com todo o respeito
Que sabedoria também é justiça
Dou viva a Deus que em tudo existe
E sigo em frente com paz no espírito

MELHOR DE TRÊS

O FILÓSOFO FRIEDRICH NIETZSCHE DIZIA QUE UMA ESPÉCIE DE ORAÇÃO DE CADA PESSOA AO INICIAR O DIA DEVERIA SER UM PENSAMENTO DO TIPO "HOJE VOU DAR ALEGRIA A ALGUÉM". EM SUA OPINIÃO, QUAL DEVE SER A ORAÇÃO DE CADA PESSOA PARA COMEÇAR O DIA?

Gostei muito dessa "oração" proposta por Nietzsche. Até me lembra de uma prece budista, o voto de *bodisatva*, quando o aspirante a Buda deseja de forma altruística a felicidade dos demais seres. Mas, como cristão, a ideia de Deus é muito presente em mim. Nesse sentido, penso como o sábio indiano Sri Ramakrishna, para quem a verdadeira oração é um diálogo e uma conversa íntima com nosso Deus. Uma conversa realizada quando estamos em nosso santuário interno e O ouvimos através da Sua (Nossa) voz interna. A verdadeira oração implica essa intimidade e essa confiança, como a que creditamos a um pai, a uma mãe ou a um bom amigo. Quanto à sua pergunta, penso que uma ótima oração para cada pessoa começar o dia, sobretudo nos tempos em que vivemos hoje, é a fórmula bíblica expressa por Salomão no *1º Livro dos Reis*, quando Deus lhe pergunta o que ele quer: "Senhor, quero um coração que compreenda".

O QUE É UMA PESSOA VIRTUOSA?

Uma pessoa virtuosa é aquela que, no seu dia a dia, vive dentro da compreensão de que há algo mais do que a vida material. É alguém que consegue incorporar valores como a caridade e o altruísmo, que não são apenas valores éticos, mas, sobretudo, espirituais. É alguém que vive na perspectiva de poder ajudar os outros, de servir de alguma maneira, e não apenas de receber. Quando conseguimos iluminar um pouco a nossa zona de sombra, quando incorporamos essas virtudes em nós é que tornamos a ideia de Deus uma coisa possível. O padrinho Sebastião Mota dizia: "Onde existe harmonia, onde existe amor, onde existe verdade, onde existe justiça, Deus está presente". Se aspiramos a despertar a presença crística em nós, temos que ser fontes de irradiação desses atributos e qualidades. Onde eles estão presentes, Deus está presente.

ATÉ HOJE, QUAL FOI O SEU MAIOR APRENDIZADO NA VIDA?

Sinto que foi a própria descoberta da dimensão espiritual, foi o entendimento da oportunidade muito especial que é estar encarnado nessa grande escola que é a vida. Tendo em perspectiva a primeira parte da minha biografia, que foi marcada pela militância revolucionária, radical, de transformação social, todos os anos durante os quais venho trilhando o caminho espiritual me deram a compreensão de que tudo o que fiz não deixa de ser importante, mas é por meio de uma revolução interna, do autoconhecimento, que realmente podemos dar um sentido à nossa vida.

MESA-REDONDA

Divaldo Franco pergunta:

"PERGUNTARIA AO NOBRE ESCRITOR SE PODERIA SINTETIZAR PARA MIM QUAL É A FILOSOFIA DO SANTO DAIME, OS OBJETIVOS DESSE MOVIMENTO

NASCIDO NO BRASIL, E, AINDA, ME ESCLARECER SE O IDEAL NÃO SERIA A CONQUISTA DO TRANSE PROFUNDO, DA UNIÃO COM DEUS, SEM O AUXÍLIO DE QUALQUER SUBSTÂNCIA QUE CONTRIBUA PARA ESSA FINALIDADE?"

Primeiro não havia nada (...)
Mas o espírito de tudo (...)
Tomou forma de uma jia (...)
Assim passou a haver
Tudo quanto não havia (...)
Dizem que existe uma tribo
De gente que sabe o modo
De ver esse fato todo
Diz que existe essa tribo
De gente que toma um vinho
Num determinado dia
E vê a cara da jia
Gente que toma um vinho
Dizem que existe essa gente
Dispersa entre os automóveis
Que torna os tempos imóveis
Diz que existe essa gente
(...) Diz que tudo é sagrado
(Trecho de *Gênesis*, música de Caetano Veloso gravada pelo grupo Doces Bárbaros)

Atendo com prazer a meu ilustre interlocutor, a quem aprecio como um dos grandes expoentes da doutrina espírita. A tradição do Santo Daime se baseia no uso ritual da *ayahuasca*, bebida sagrada utilizada como sacramento há mais de 3 mil anos por indígenas na Amazônia. O Santo Daime faz a síntese entre essa sabedoria nativa ancestral e os ensinos originais do Mestre Jesus, incluindo ainda elementos esotéricos e kardecistas, como o estudo mediúnico. Mas o ponto fundamental é a crença de que a própria bebida é um ser divino, o Paráclito – a nova vinda do Espírito Santo anunciada nos evangelhos –, na forma de um cipó do mundo vegetal.

Quanto à segunda parte da pergunta, o uso de plantas psicoativas é um dos meios mais antigos de conexão com o sagrado. Na Grécia Antiga, por exemplo, nos chamados Mistérios de Eleusis, milhares de pessoas encerravam uma longa peregrinação com um ritual no templo em honra à deusa Deméter, na localidade de Eleusis, onde era servida uma bebida psicoativa preparada com fungos do centeio. Vários antropólogos, como o francês Claude Lévi-Strauss, afirmam que o contato do *Homo sapiens* com os cogumelos psicoativos, no período Neolítico, talvez tenha tido um papel crucial na formação da própria consciência humana. Esse **primeiro** contato teria despertado a fagulha divina até então adormecida em nossa espécie. Nesse sentido, somos herdeiros dessa antiga e respeitável tradição, cujos ensinamentos foram mantidos, geração após geração, por xamãs de todo o globo.

PARA SE CONHECER

Site:
www.santodaime.org
Livros:
O Guia da Floresta, de Alex Polari de Alverga (Nova Era)
O Livro das Mirações, de Alex Polari de Alverga (Nova Era)

DOM PEDRO CASALDÁLIGA

O BISPO DA TERRA SEM MALES

Em 1968, um padre franzino, de cerca de 50 quilos, deixava a cidadezinha de Balsareny, na região da Catalunha, na Espanha, para se enfronhar em uma das regiões mais inóspitas do Brasil, o município de São Félix do Araguaia, no Mato Grosso. Nessa época, em plena ditadura militar, a região vivia os conflitos decorrentes da instalação de latifúndios agropecuários na área. De um lado, os fazendeiros e a polícia; de outro, os índios e os posseiros. Sagrado bispo em 1971, dom Pedro Casaldáliga juntou-se aos últimos e fez de sua prelazia um centro de defesa dos excluídos, firmando-se como um dos principais nomes da Igreja progressista no país – foi um dos criadores da Comissão Pastoral da Terra e do Conselho Indigenista Missionário. O caminho, claro, foi pedregoso.

Acusado de ser radical, angariou uma coleção de desafetos. Escapou de várias emboscadas, foi preso e sofreu cinco processos de expulsão do país, além das críticas de setores da Igreja, que discordavam de sua militância. Imune aos ataques – e à malária, que contraiu oito vezes –, produziu mais de 20 livros, sendo muitos deles de poesia, como a bela *Missa dos Quilombos*, escrita em parceria com o poeta brasileiro Pedro Tierra e transformada em espetáculo com música de Milton Nascimento.

Sempre amável e de bom humor, aos 88 anos – treze após renunciar ao episcopado (a Igreja exige a aposentadoria dos bispos quando eles chegam aos 75 anos) –, o hoje bispo emérito da Prelazia de São Félix do Araguaia segue com sua palavra "iradamente fraterna", como diz. "É preciso colocar a fé e a esperança em nome da solidariedade. Crer que uma nova vida é possível é o primeiro passo para que ela se realize."

ANTES DE NOS EMBRENHARMOS EM NOSSA CONVERSA, UMA CURIOSIDADE: O QUE LEVOU UM MISSIONÁRIO A DEIXAR A ESPANHA E SE ENFIAR EM UMA DAS REGIÕES MAIS INÓSPITAS DO BRASIL?

Sempre tive paixão pelas missões e, quando o Vaticano precisava de missionários para essa região, me ofereci. Vim só, mas logo as perseguições e as calúnias vieram me fazer companhia. Nas décadas de 1960 e 1970, essa área era um faroeste. Além de vivermos uma ditadura militar, era a época da entrada do capitalismo financiado no campo, que contava com o respaldo da polícia. Nós nos pusemos ao lado dos índios, dos posseiros e dos peões, denunciando as injustiças cometidas na região. Com isso, criamos muita inimizade oficial, e vários agentes de pastoral foram presos, torturados, ou tiveram que deixar o país.

PARA SEUS OPOSITORES, O SENHOR É CONTRA O PROGRESSO, É MUITO RADICAL. O QUE DIZ DISSO?

A palavra "radical" vem de "raiz", e, nesse sentido, me considero um radical mesmo, pois tentei ir à raiz dos males e à raiz das soluções. Por exemplo, acusam-me de ser contra o progresso pelo fato de eu criticar projetos danosos como a construção de estradas que são uma calamidade para o meio ambiente e para a já bastante delicada situação dos índios. O grande mal na América Latina era – e continua sendo – o latifúndio, que é sinônimo de acumulação de **terra**, monocultura e depredação. Ao reivindicar a reforma agrária, estamos confrontando o que leva à exclusão da imensa maioria. Enquanto tivermos que falar em Primeiro e Terceiro Mundos, é sinal de que o planeta anda mal. Deveríamos poder falar de um só mundo, humano. Cada país com sua identidade, claro, mas um só planeta. Assim como a globalização neoliberal é um caos, a mundialização humana é uma bênção, pois é socializadora e fraterna, é o instrumento para fazer da humanidade uma só. O que mais urge, hoje, é humanizarmos a própria humanidade.

Afagar a terra
Conhecer os desejos da terra
Cio da terra, a propícia estação
E fecundar o chão
(Trecho de *O Cio da Terra*, de Milton Nascimento e Chico Buarque de Hollanda)

E QUAL É O PAPEL DA FÉ NA CONSTRUÇÃO DESSA NOVA HUMANIDADE?

A fé pode ser um grande serviço para a humanização, desde que as crenças não se tornem fundamentalistas, sentindo-se donas de Deus. Um dos maiores teólogos da atualidade, o suíço Hans Küng, afirma que não haverá paz no mundo se não houver paz entre as religiões, e que não haverá paz entre as religiões se não houver diálogo entre elas. E acrescento que essa comunicação entre os credos não pode se dar apenas no âmbito religioso, mas tem que ser também na perspectiva de as várias crenças atenderem, juntas, aos desafios da atualidade: a fome, o armamentismo, a intolerância, o machismo, a depredação ecológica. Se as religiões creem no Deus da Vida, no Deus da Paz, no Deus do Amor, por culto a esse Deus têm que se colocar a serviço da humanidade. No cristianismo, temos a expressão clara disso, pois os mandamentos são dois, mas acabam sendo um só: amar a Deus, amar ao próximo.

ALÉM DO DIÁLOGO ENTRE OS CREDOS, QUAL É O CAMINHO PARA A PAZ NO MUNDO?

A vida nos intercomunica, então, temos que aprender a conviver. Assim como não tenho que renunciar à minha crença para dialogar com as outras, não preciso renunciar à minha cultura nem à minha etnia para ser um cidadão do mundo. Eu vivo a minha identidade. Aliás, só quem vive a sua identidade de modo sereno, adulto, é capaz de dialogar. Se não tenho segurança no que creio, nas minhas aspirações, no sentido da minha vida, como vou dialogar? Assim, o caminho para a paz mundial é este: primeiro, cada um fazer a paz no próprio coração; segundo, fazer a paz na própria família; terceiro, fazer a paz na própria vizinhança; e por aí vai. Se não criarmos uma cultura de paz a partir do próprio **coração**, não tem saída.

A distância mais longa é aquela entre a cabeça e o coração. (Thomas Merton, monge trapista e escritor americano)

Ou seja, trata-se de mudar os corações e, simultaneamente, ir mudando as estruturas. É um processo longo, mas estamos progredindo. Veja o clamor mundial que se deu há alguns anos contra a guerra no Iraque. Foi um belo sinal de esperança. A humanidade se manifestou unida: vários povos diferentes, com ou sem religião, todos com a mesma bandeira, a paz. Se, de fato, pioramos em alguns aspectos, melhoramos em consciência, em solidariedade. Antes, quase não se ouvia o termo solidariedade, que hoje é uma palavra mundial. Como disse a poetiza nicaraguense Gioconda Belli: "A solidariedade é a ternura dos povos".

NESSE CONTEXTO, COMO DEVE SER A RELAÇÃO ENTRE RELIGIÃO E POLÍTICA?

Toda pessoa, por natureza, é religiosa, e toda pessoa, por natureza, é política também. Não podemos prescindir da política, pois ela, em última instância, é a vida: saúde, educação, comunicação, enfim, tudo é política. Comer só farinha, ou comer só caviar é político. Agora, o grande problema se dá quando as religiões se misturam ao Estado, quando uma crença busca ser a oficial em detrimento das outras. Mas, felizmente, na maioria dos países, chegou-se à separação entre a Igreja e o Estado. É preciso que os cidadãos saibam conjugar a sua fé com a sua cidadania e, motivados por essa fé, sejam mais éticos e mais comprometidos com o próximo. A realidade é a melhor mestra da vida, é o que nos faz abrir os olhos.

EM RELAÇÃO A ESSA ATITUDE DE COMPROMETIMENTO, NA DÉCADA DE 1970, O SENHOR FEZ A PRIMEIRA DENÚNCIA DE TRABALHO ESCRAVO NO BRASIL E, MAIS TARDE, FOI UM DOS CRIADORES DO ESPETÁCULO *MISSA DOS QUILOMBOS*, QUE TRATAVA DESSE TEMA. COMO VÊ A SITUAÇÃO HOJE?

Em nome do Pai
de todos os Povos,
Maíra de tudo,
excelso Tupã.
Em nome do
Filho,
que a todos os
homens nos faz
ser irmãos. (...)
Em nome da
Aliança da
Libertação.
Em nome da Luz
de toda Cultura.
Em nome do Amor
que está em todo
amor.
Em nome da Terra
sem males,(...)
em nome da Morte
vencida,
em nome da Vida,
cantamos, Senhor!
(Texto de abertura da *Missa da Terra Sem Males*)

Continua havendo trabalho escravo no país e no mundo. Inclusive o tipo de trabalho escravo que não se denuncia, como o das grandes fábricas, com regimes laborais de verdadeiros cativeiros. Mesmo assim, de 1970 para cá muita coisa mudou, há uma consciência que antes não havia. Dá gosto ver que o povo negro se sente orgulhoso de ser negro, e que os povos indígenas sabem reivindicar seus direitos. Sinto-me feliz de ter sido declarado "negro honorário": um branco de alma negra – e índia também. Foi precisamente por causa dessa paixão, por respeito a essas identidades, que, junto com Pedro Tierra e Martín Coplas, fizemos a ***Missa da Terra Sem Males***, defendendo a causa indígena, e, em parceria com Milton Nascimento e Pedro Tierra, a *Missa dos Quilombos*, defendendo a causa negra.

JÁ QUE ADENTRAMOS A SEARA POÉTICA, COMO O SENHOR ENXERGA O PAPEL DA ARTE, DA POESIA EM NOSSA VIDA?

Poeta é quem inspira, e não quem é inspirado. (Paul Éluard, poeta francês)

Como dizia Santo Agostinho: "Cantar é rezar duas vezes". Falar **poeticamente** é comunicar-se com a boca e com os olhos, enviando um pouco da própria alma em cada palavra que se diz. E isso pode se dar num verso, num chiste, numa saudação improvisada, não importa. A poesia é a expressão emocionada de um encontro com a natureza, com a vida, com a morte. Ela não nega a dureza da vida; há muita poesia triste. Entretanto, ela sempre será um serviço da emoção. Já dizia um poeta colombiano, falando a outro poeta: "Que se não amas tudo, pelo menos / teu coração se compadece de tudo".

EM UM DE SEUS SONETOS ESCRITOS EM CATALÃO, *ENTÃO O VEREMOS COMO ÉS,** O SENHOR DIZ:

PORQUE AGUARDO POR ELE, E PORQUE ESPERO
QUE, AO ENCONTRÁ-LO, TODOS NOS VEJAMOS
RESTABLECIDOS PELO SOL PRIMEIRO
COM O CORAÇÃO SEGURO DE QUE AMAMOS (...)
PORQUE APRENDI A ESPERAR NA CONTRAMÃO
DE TANTA DECEPÇÃO: TE JURO, IRMÃO,
QUE ESPERO TANTO VÊ-LO COMO VER-TE.

COMO VER O CRISTO NA PESSOA AO NOSSO LADO, COMO FAZER DE CADA RELACIONAMENTO UM ENCONTRO COM CRISTO?

Fundamentalmente, é um desafio da fé, que resume todos os mandamentos no mandamento do amor, na relação pessoal com Deus e com o próximo. Uma consciência humana profunda enxergará todas as pessoas como dignas por sua condição de "pessoas". E uma visão de fé cristã enxergará o Cristo como centro e ponte desse relacionamento. Sem exigir garantias, sem selecionar o próximo, amando ao extremo, até o inimigo.

SERIA O QUE DIZ O TÍTULO DE UM LIVRO DE UM CONTERRÂNEO SEU, O POETA ESPANHOL LOPE DE VEGA, *AMAR SEM SABER A QUEM*?

Sim, justamente. São palavras básicas do *Evangelho de Mateus*, em que encontramos a repetida afirmação de

---

* *Tradução livre.*

Jesus: "O que vocês fazem aos pequenos, aos insignificantes, aos estranhos, a Mim o fazem". A parábola do Bom Samaritano é uma lição básica no que diz respeito ao que você perguntou, sobre como fazer de cada relacionamento um encontro com Cristo.

JÁ QUE FALOU EM LIÇÕES BÁSICAS, UM DE SEUS TRAÇOS MARCANTES É O BOM HUMOR, QUE O SENHOR MANTÉM INTACTO, MESMO TENDO PRESENCIADO TANTA INJUSTIÇA. E, EM QUASE TODAS AS TRADIÇÕES, O HUMOR É CONSIDERADO INSTRUMENTO DE CONEXÃO COM O SAGRADO. NÓS TEMOS SEGUIDO ESSA LIÇÃO?

Infelizmente, nem sempre a vivência da religião tem comportado essa leveza, esse bom humor. Ao longo da história, e dentro das mais diversas religiões, frequentemente tem-se cultivado o "medo de Deus". No cristianismo, por exemplo, muitas vezes destaca-se a seriedade e até as lágrimas de Jesus, chegando a se afirmar que não consta nos Evangelhos que Jesus sorrisse. Acontece que a ironia, o humor inteligente, enche as páginas do Evangelho, sobretudo nas parábolas e nas polêmicas de Jesus com os chefes religiosos. Se o Evangelho é uma "boa notícia", ele tem que propiciar esperança, **alegria**. Uma notícia triste nunca será uma boa notícia.

Não entregues teu coração à tristeza (...) a melhor lição é a do Eclesiastes, que disse, Por isso louvei a alegria, visto que não há nada de melhor para o homem. (Trecho de *O Evangelho Segundo Jesus Cristo*, de José Saramago)

HÁ ALGUNS ANOS, O MAL DE PARKINSON TEM LHE FEITO COMPANHIA. MAS, APESAR DAS DIFICULDADES DECORRENTES DESSA CONDIÇÃO, O SENHOR AINDA SE REFERE A ELE COMO "O IRMÃO PARKINSON". COMO ENCARAR UMA ADVERSIDADE DESSAS DE FORMA TÃO FRATERNA?

Apesar de, às vezes, meu Parkinson ser mais "amigo da onça" do que irmão, com sinceridade, ele é até compreensivo. Não tenho dor, não estou impossibilitado. Claro, ele traz limitações. Por exemplo, eu, que sempre gostei de caminhar, agora devo limitar-me ao espaço dentro de casa e a uma saudade das montanhas, dos caminhos, de certos encontros. Porém, eu seria ingrato se não reconhecesse o carinho com que tanta gente tem me acompanhado. Além disso, continuo podendo rezar, ler, atender a visitas, partilhar inquietudes e esperanças. Ou seja, resumidas as contas, minha velhice tem sido ótima.

Dizem que os velhos, por já não poderem pecar, se dedicam a dar conselhos. Pois eu digo, a mim mesmo e a todos: o desafio é a convivência, uma convivência no respeito, no estímulo, no carinho. Sempre, e cada vez mais, em fé autêntica, que é a confiança no Deus da Vida, a comunhão com as grandes causas do Reino. A cabeça e o coração podem andar muito, mesmo com bengala.

E COMO ENCARAR AQUELA QUE É TIDA POR TODOS COMO A GRANDE ADVERSIDADE, A MORTE?

A morte é o final da vida temporal. É a passagem do tempo para a eternidade, uma passagem Pascal. Sempre na vida. Um amigo escritor, Lorenzo Gomis, publicou suas memórias com este título: *Uma Temporada na Terra*. Eu digo sempre que a nossa alternativa é esta: vivos mortalmente ou vivos já ressuscitados. A morte merece muito respeito; medo, não. Tenho um poema que diz: "E chegarei com o gozoso espanto de ver que andei toda a vida na palma de Tua Mão".

QUAL SERIA O RESUMO DE TODO O SEU TRABALHO?

Prefiro não fazer uma avaliação. Há a história de um santo que resume bem como sinto: ele dizia que, quando morresse, pediria a Deus que esquecesse todas as suas boas obras. O que digo agora, a esta altura da vida, é que não tenho motivos de me vangloriar. Reconheço muitas falhas, omissões, impurezas. Mas também dou graças a Deus por ter vivido nesse Mato Grosso, nesse Brasil, nessa América Latina, de ter testemunhado o florescer de muita solidariedade.

EM SUA CARTA DE DESPEDIDA DO EPISCOPADO,O SENHOR CITA UM PROVÉRBIO JUDEU QUE DIZ QUE "A HORA MAIS ESCURA É QUANDO VAI AMANHECER", ALÉM DE UM POEMA QUE FALA DE PERSISTÊNCIA E LUTA. O QUE SIGNIFICA ESSA MENSAGEM?

A utopia está lá no horizonte. Me aproximo dois passos, ela se afasta dois passos. Caminho dez passos e o horizonte corre dez passos. Por mais que eu caminhe, jamais alcançarei. Para que serve a utopia? Serve para isso: para que eu não deixe de caminhar. (Frase do cineasta argentino Fernando Birri, citada por Eduardo Galeano em um de seus livros)

Que a luta continua, e que a esperança é a primeira e a última palavra. Gosto muito de recordar o adágio de um grupo político minoritário espanhol que, há décadas, dizia: "Somos soldados derrotados de uma causa invencível". Isso é bonito. Mesmo que tenhamos passado por derrotas, como utópicos e como cristãos, sentimos que a causa é invencível. Como bem disse o escritor uruguaio Eduardo Galeano, a **utopia** é como o horizonte: a gente não alcança nunca, mas, graças a ela, continuamos caminhando. Sempre sob a bênção de Deus, o Deus de todos os nomes.

MELHOR DE TRÊS

O FILÓSOFO FRIEDRICH NIETZSCHE DIZIA QUE UMA ESPÉCIE DE ORAÇÃO DE CADA PESSOA AO INICIAR O DIA DEVERIA SER UM PENSAMENTO DO TIPO "HOJE VOU DAR ALEGRIA A ALGUÉM". EM SUA OPINIÃO, QUAL DEVE SER A ORAÇÃO DE CADA PESSOA PARA COMEÇAR O DIA?

Toda oração é e deve ser um relacionamento consciente, agradecido, da criatura necessitada com um Deus que está sempre ao alcance, mesmo dentro das mais profundas trevas da vida. Jesus, com seus ensinamentos e suas atitudes, nos legou as palavras-chave da oração: "Pai Nosso" e "Pão Nosso".

O QUE É UMA PESSOA VIRTUOSA?

Uma pessoa virtuosa é aquela que tenta viver sem mentir, sem abusar, acolhendo, praticando diariamente a solidariedade fraterna. A pessoa que faz de sua vida um serviço de amizade, de convivência. Simplesmente alguém que o povo classifica como uma "boa pessoa". Um sertanejo da nossa região afirmava com uma fé forte e singela: "Deus é um homem bom". É isso.

ATÉ HOJE, QUAL FOI O SEU MAIOR APRENDIZADO NA VIDA?

Sem dúvida, ele veio do encontro com o povo pobre e injustiçado. Em resumo vital: o grande aprendizado foi a convivência fraterna, solidária, acolhedora. A esperança entre tantas desesperanças. A coerência com a nossa profissão de fé, respondendo, dia a dia, ao testemunho dos mártires, no seguimento da Testemunha Fiel, que é Jesus.

MESA-REDONDA

Professor Hermógenes pergunta:

"MAIS QUE UMA PERGUNTA, EU QUERO DIRIGIR UMA HOMENAGEM AO SENHOR. DOM PEDRO, RECEBA A MINHA HOMENAGEM E A MINHA GRATIDÃO PELO BOM TRABALHO QUE O SENHOR TEM FEITO, EM PROVEITO DA UNIDADE DE CONSCIÊNCIA, DE UMA CONSCIÊNCIA UNA. NESTE MOMENTO DE AFLIÇÃO NO MUNDO, QUE DEUS O ABENÇOE, PELO QUE O SENHOR TEM FEITO E, ESPERO, CONTINUE FAZENDO. OFEREÇO-LHE TAMBÉM ESTA FRASE: 'É NAS QUEDAS QUE O RIO CRIA ENERGIA'. RECEBA A MINHA HOMENAGEM: NAMASTÊ!"

Prezado professor Hermógenes, agradeço de coração a cordialidade fraterna de sua homenagem. "É nas quedas que o rio cria energia". Sim, é nas crises que se purifica a vida das pessoas e dos povos. Sempre que saibamos vivê-las com simplicidade e esperança. Que a paz do Deus da Vida e da Paz esteja com todos nós!

PARA SE CONHECER

Site:
www.servicioskoinonia.org/Casaldaliga/
Livros:
Quando os Dias Fazem Pensar, de Pedro Casaldáliga (Paulinas)
Orações da Caminhada, de Pedro Casaldáliga (Verus)

ARTUR ANDRÉS

PELAS VEREDAS DE SI

Os índios Sioux contam que, certo dia, o Criador reuniu todos os animais da criação e disse: "Quero esconder algo muito importante dos seres humanos, que só lhes será revelado no dia em que estiverem prontos para isso. Trata-se da compreensão de que são eles mesmos que criam a sua própria realidade". A águia logo falou: "Dê para mim, que vou levar este segredo para a lua". "Não", disse o Criador, "um dia eles irão até lá e o acharão". O salmão, então, sugeriu: "Vou enterrá-lo nas profundezas do oceano". "Não, eles também irão até lá", respondeu o Criador. Foi a vez do búfalo: "Oh, Senhor, me dê, que vou enterrá-lo no fundo mais fundo das Grandes Planícies". "Não adianta, eles rasgarão a pele da Terra e, mesmo lá, o encontrarão". Foi quando a venerável toupeira, que, por viver no seio da Mãe Terra, não vê com olhos físicos, mas espirituais, disse: "Coloque esta verdade dentro do próprio ser humano". E o Criador respondeu: "Está feito".

Como se tivesse ouvido essa incrível conferência, há décadas o flautista Artur Andrés Ribeiro vasculha o interior de si mesmo atrás desse e de outros segredos. Doutor em música pela Universidade Federal de Minas Gerais, onde leciona, ele é um dos fundadores do grupo Uakti, com o qual gravou vários CDs, e já trabalhou ao lado de baluartes da música, como Milton Nascimento, Paul Simon e Philip Glass. Aos 57 anos, ele também é um dos coordenadores do Instituto Gurdjieff de Belo Horizonte, um dos centros voltados para o estudo das ideias do místico George Ivanovich Gurdjieff no Brasil.

Nascido na Armênia, então parte do Império Russo, Gurdjieff criou, no início do século XX, um sistema de ensinamentos que alia o treino intelectual a uma variedade de práticas, como meditação, música e dança. Influenciado pelas tradições orientais, como a dos sufis muçulmanos, ele chamava seu sistema de "trabalho sobre si", enfatizando que o despertar espiritual se dá a partir de um esforço de perscrutar e transformar a si mesmo. "Uma frase emblemática de Gurdjieff é esta: 'Não há injustiça no mundo'", diz Artur. "Tudo acontece exatamente como tem que acontecer. Se queremos mudar o curso de nossa vida, precisamos conhecer as forças que atuam sobre nós e, a partir dessa consciência, criar meios de nos libertarmos dessas forças."

PARA ACORDAR NOSSA CONVERSA, GURDJIEFF DIZIA QUE A HUMANIDADE VIVE NUM ESTADO DE SONO HIPNÓTICO, COMO SE FÔSSEMOS TODOS SONÂMBULOS. COMO É ISSO?

Basta olhar para ver o quanto vivemos nesse estado de letargia, fazendo as coisas de forma automática, sem consciência. Quase todas as nossas ações são de natureza mecânica. Nossas ações e nossas relações também. Por exemplo, passamos a vida inteira preocupados com o que os outros acham de nós, com o que podem pensar a nosso respeito. E vamos agindo em função dessa identificação com a opinião do outro, buscando ganhar a sua aprovação. Agora, será que aquilo que o outro pensa de mim é tão importante assim? Aliás, será que ele realmente está pensando algo de mim? Na maioria das vezes, a resposta é não. Mas eu não percebo isso. Assim como não percebo meu próprio corpo.

Um casal estava na sala falando das coisas da vida, quando o marido disse: "Nunca me deixe viver em estado vegetativo, dependendo de uma máquina e de líquidos. Se eu ficar assim, por favor, desliga tudo o que me mantém vivo!". A esposa então se levantou, desligou a televisão e jogou a cerveja do marido fora. (Anedota popular)

Ninguém se dá conta, mas estamos o tempo todo submetidos a milhares de tensões musculares inúteis, pura perda de energia. E essa tensão constante só existe por uma razão: achamos isso normal. É preciso rever esse desequilíbrio interno, tampar esses vazamentos de energia e atenção. E é aí que entra o que chamamos de "trabalho sobre si". Se o ser humano quer, de fato, atingir todo o seu potencial, se quer sair desse estado **vegetativo**, despertar do sono que o escraviza, precisa buscar o conhecimento de si mesmo.

NO LIVRO *ENCONTRO COM HOMENS NOTÁVEIS*, GURDJIEFF ATÉ FALA SOBRE COMO SERIA O SER HUMANO IDEAL: "SÓ MERECERÁ O NOME DE HOMEM E PODERÁ CONTAR COM ALGO QUE FOI PREPARADO PARA ELE, DESDE O ALTO, AQUELE QUE TIVER SABIDO ADQUIRIR OS DADOS NECESSÁRIOS PARA CONSERVAR ILESOS TANTO O LOBO COMO O CORDEIRO QUE FORAM CONFIADOS À SUA GUARDA". QUE LOBO E CORDEIRO SÃO ESSES?

Nesse caso, a palavra lobo simboliza o aspecto mais básico do ser humano, o que inclui os instintos, a parte motora, etc. Já o cordeiro simboliza o conjunto dos sentimentos. Ou seja, a questão não é matar o lobo, como a ideia defendida na cultura ocidental de que se deve extirpar tudo o que é mais grosseiro, em nome de algo sublime, do alto. O desafio é ver que, na realidade, lobo e cordeiro são partes fundamentais de nossa essência. E cabe ao homem, por meio de sua consciência, criar condições para a coexistência dessas duas esferas de si.

Meu coração está aberto a todas as formas:
É uma pastagem para as gazelas,
E um claustro para os monges cristãos,
Um templo para os ídolos, (...)
As Tábuas da Torá,
E o livro do Corão.
Professo a religião do Amor,
E qualquer direção que avancem Seus camelos;
A religião do Amor
Será minha religião e minha fé.
(Ibn 'Arabi, poeta e místico sufi)

É como aquela história popular, de um homem que tem um lobo, uma cabra e uma couve e precisa transportar os três de uma margem a outra do rio. Acontece que ele só pode levar uma carga por vez no barco, e, se não ficar vigilante, corre o risco de o lobo comer a cabra e de a cabra comer a couve. A solução da história não só exige que o barqueiro use toda a sua engenhosidade, mas também que ele não seja preguiçoso, pois, para atingir seu objetivo, terá de cruzar o rio várias vezes. Ou seja, só merecerá o nome de homem aquele que, com consciência, zelar por todos os aspectos de sua essência, todas as **formas** de seu ser.

AGORA, NO CAMINHO ATÉ ESSE HOMEM IDEAL, MUITAS VEZES A MAIOR DIFICULDADE ESTÁ JUSTAMENTE EM DAR O PRIMEIRO PASSO. COMO O PRÓPRIO GURDJIEFF DISSE: "O TRABALHO SOBRE SI MESMO NÃO É TÃO DIFÍCIL QUANTO DESEJAR SE TRABALHAR, E TOMAR ESSA DECISÃO".

Exatamente. Não há nada mais difícil do que dar o primeiro passo, sair da inércia. Essa tomada de decisão é essencial. É como no caso de um carro, que precisa do *start* do motor para entrar em movimento. Depois que começa a andar, tudo fica mais fácil, ele se torna até um objeto mais leve. Por exemplo, se você colocar o pé embaixo do pneu de um carro parado, vai sentir um peso enorme, de centenas de quilos. Agora, se o carro passar a 60 km/h sobre seu pé, talvez você nem sinta nada. Ou seja, a questão é dar esse *start*, é sair desse estado de preguiça mental, física, emocional, desse embotamento em que muitas vezes nos encontramos. E isso vale para qualquer coisa na vida. Seja para fazer um regime, praticar uma atividade física, meditar, realizar um trabalho de autoconhecimento. Não há passo mais importante do que o primeiro passo.

MAS TALVEZ O MAIOR EMPECILHO PARA DAR ESSE PRIMEIRO PASSO SEJA A NOSSA MANIA DE DEIXAR TUDO PARA AMANHÃ, NÃO É? COMO DIZ A FRASE QUE GURDJIEFF ESCREVEU NO TOLDO DE SEU CENTRO DE ESTUDOS NA FRANÇA: "AQUELE QUE TIVER SE LIBERTADO DA 'DOENÇA DO AMANHÃ' TERÁ UMA CHANCE DE OBTER O QUE VEIO PROCURAR AQUI".

Sem dúvida, essa "doença do amanhã" é o que nos mantém passivos. Passamos a vida adiando aquilo que sabemos que deve ser feito, deixando tudo para o outro dia. É uma espécie de entendimento deturpado da teoria das encarnações, achando que está tudo bem se eu não fizer as coisas agora, pois terei infinitas vidas para resolver isso. Pura ilusão. *Uma* vida é perfeitamente suficiente para a pessoa resolver todas as suas questões, mas, para isso, tem que se trabalhar. Não dá para deixar tudo para amanhã. Afinal, ninguém sabe o que vai acontecer daqui a um minuto, muito menos daqui a 24 horas. Por exemplo, será que vou estar vivo amanhã?

Este é um ponto essencial: lembrarmos que a morte pode ocorrer a qualquer momento. Gurdjieff criou até um exercício para isso: várias vezes ao dia, a pessoa deve parar, por 1 ou 2 minutos, e rever o que fez na última hora que passou, como se fosse sua última hora de vida. E, daí, deve se perguntar: "Se eu morresse agora, estaria feliz com o que fiz nessa última hora? Será que, de fato, fiz o meu melhor, fui mais aberto às pessoas, mais compassivo, mais atento a mim mesmo?". Essa consciência da morte muda nossa relação com a própria vida. Em vez de ser algo que nos dá pânico, a morte se torna uma aliada, que nos mantém mais conscientes do que devemos fazer. Aí, então, já não existe mais essa "doença do amanhã", essa preguiça existencial – a **vida** é hoje.

Chega um tempo em que não se diz mais: meu Deus. Tempo de absoluta depuração. Tempo em que não se diz mais: meu amor. (...) Chegou um tempo em que não adianta morrer. Chegou um tempo em que a vida é uma ordem. A vida apenas, sem mistificação. (Trecho do poema *Os Ombros Suportam o Mundo*, de Carlos Drummond de Andrade)

PARA ACABAR COM ESSA PREGUIÇA EXISTENCIAL, UMA DAS PROPOSTAS DE GURDJIEFF É COLOCAR O CORPO PARA SE MEXER, POR MEIO DA PRÁTICA DE UMA SÉRIE DE MOVIMENTOS E DANÇAS SAGRADAS DESENVOLVIDAS POR ELE. COMO FUNCIONAM ESSES MOVIMENTOS?

Gurdjieff dava enorme importância à percepção do corpo, que ele dizia ser uma porta de acesso a níveis impossíveis de ser atingidos só com a mente. Por isso, criou os movimentos e as danças sagradas. Assim como as danças giratórias dos dervixes sufis, esses movimentos demandam tanta atenção para serem executados, que, com isso, a pessoa entra num estado de consciência mais afinado. É similar ao que ocorre com diversas outras práticas corporais, como a yoga, o tai chi chuan ou o kung fu, todas extremamente válidas. No caso das danças sagradas, elas ainda trabalham com a música, que ajuda a estabelecer ainda mais uma profunda conexão interior.

Vem!
Ouve a música
do sama.
Vem unir-te
ao som dos
tambores!
Aqui celebramos:
Somos todos a
verdade! (...)
Eis o amor
verdadeiro
Que diz à mente:
adeus.
Este é o dia
do adeus.
— Adeus! Adeus!
Todo coração
que arde
Nesta noite
É amigo
da música.
(Trechos de Sama
III/IV, de Jalal
ud-Din Rumi,
poeta e místico
sufi)

NO CASO DA MÚSICA, DE QUE FORMA ELA FUNCIONA COMO UM VEÍCULO PARA O DESPERTAR DA CONSCIÊNCIA?

Na realidade, a música não tem outra função além desta: nos despertar para níveis superiores de consciência. No caso das músicas compostas por Gurdjieff, elas trabalham com base na lei de ressonância. Por exemplo, quando se toca uma determinada nota num instrumento, se houver outro instrumento próximo, ele ressoará a mesma nota. E o mesmo acontece conosco. Quando determinada melodia é tocada, nosso universo interior também ressoa essa melodia, na mesma intensidade. Assim, a **música** não só toca o nosso centro emocional, os nossos sentimentos, como os transforma, nos colocando num estado mais harmonioso, em sintonia com as vibrações superiores de nossa alma.

GURDJIEFF TAMBÉM CRIOU EXERCÍCIOS PARA DESENVOLVER O AUTOCONHECIMENTO DURANTE AS TAREFAS DO COTIDIANO, NÃO É? VOCÊ PODE DAR ALGUNS EXEMPLOS?

Sim, há vários exercícios para estimular o que chamamos de lembrança de si. Um deles é simples: durante todo o dia, você vai carregar algum objeto, um jornal, por exemplo, mas não vai lê-lo. Você deve levá-lo consigo o tempo todo, numa reunião na empresa, no almoço, seja onde for, você leva o jornal, mas não o lê. A função desse jornal é apenas servir como um "despertador", para que, sempre que olhar para ele, você se lembre de si mesmo, de qual é o seu propósito na vida. Ou você pode botar um bago de feijão dentro do sapato; pode usar um modelo de tênis num pé e outro modelo no outro; pode usar meias de cores diferentes. Cada atitude dessas é um despertador para ajudá-lo a acordar. Em geral, usa-se cada objeto durante uma semana. Depois disso, ele começa a perder o efeito, e a pessoa deve achar outro despertador.

TEM ALGUM OUTRO DESPERTADOR QUE VOCÊ RECOMENDARIA?

Este é interessante: sempre que passar debaixo de uma porta, você deve procurar lembrar-se de si, de sentir a si mesmo passando sob aquela porta. Parece simples, mas, na maioria das vezes, a pessoa só se lembra do exercício, ou seja, só se lembra de si mesma após ter atravessado a porta. Isso mostra o nosso nível de desatenção, de desconexão interior. Por isso, na base de tudo, está o exercício da lembrança de si. E o que é essa lembrança de si? É eu me dar conta de que, ao mesmo tempo em que estou com a atenção voltada para fora, outra parte da atenção também é direcionada a mim. Este é o ponto-chave: se você consegue lembrar-se de si a cada instante da vida, está resolvido o problema.

Isso, claro, não quer dizer que seja uma lembrança só da cabeça. É preciso incluir todo o organismo nesse processo. Saber relaxar o corpo conscientemente, por exemplo, é muito importante, pois é através da sensação corporal que vou entrar em meu edifício interior. A porta de entrada é sempre o corpo. A sensação corporal deve estar sempre presente. Com isso, uma simples conversa pode se transformar numa oportunidade de trabalho interior. Como no caso desse encontro que estamos tendo, em que, o tempo todo, procuro estar presente a meu corpo, sentir alguma parte de mim mesmo, falando de um lugar central de meu ser, em vez de ficar tagarelando a partir da cabeça.

ALIÁS, EM RELAÇÃO A ESSA COISA DA TAGARELICE, A FALA É UMA DAS SITUAÇÕES EM QUE SOMOS MAIS INCONSCIENTES, NÃO É?

Sem dúvida. Na maioria das vezes, nos esquecemos de que falar é algo tão contundente quanto uma ação física. Não é à toa que, em praticamente todas as tradições espiritualistas, o silêncio é considerado uma ferramenta valiosa. Por exemplo, uma das principais causas de vazamento de nossa energia é a expressão repetida de emoções negativas. Como aquelas pessoas que entram no elevador e estão sempre reclamando de tudo. Se o tempo está nublado, a pessoa reclama da chuva; se faz sol, reclama do calor; e por aí vai. É muito importante prestar atenção quando dizemos coisas desse tipo, expressando inconscientemente essas emoções negativas, e ver o efeito que isso gera em nós, pois o efeito é só um: perda de energia.

Uma das frases mais emblemáticas de Gurdjieff é esta: "Não há injustiça no mundo". Quando se tenta compreender isso, começamos a perceber que toda e qualquer situação da vida, cada evento por que passamos, acontece exatamente como tem que acontecer. Se quisermos mudar o curso de nossas vidas, precisamos conhecer as forças que atuam sobre nós e, a partir dessa consciência, criar meios de nos libertarmos dessas forças ou, pelo menos, de conseguirmos vê-las, pois a visão já é uma porta para a **liberação** interior.

Este é o caminho que leva à liberação das preocupações e da dor: Pensai como se cada um de vossos pensamentos tivesse de ser gravado a fogo no céu para que todos e tudo o vissem. E, verdadeiramente, assim é. Falai como se o mundo todo fosse um único ouvido, atento a escutar o que dizeis. E, verdadeiramente, assim é. Agi como se todos os vossos atos tivessem de recair sobre vossa cabeça. E, verdadeiramente, assim é. (Trecho de *O Livro de Mirdad*, de Mikhail Naimy)

EM RELAÇÃO A ESSA LIBERTAÇÃO INTERIOR, ATÉ AGORA FALAMOS DE UMA BUSCA QUE A PESSOA REALIZA POR SI MESMA. HÁ ALGUMA INSTRUÇÃO ESPECÍFICA PARA A EDUCAÇÃO DE JOVENS E CRIANÇAS?

Sim, a ideia é que os jovens sejam preparados para enfrentar os embates do cotidiano de uma forma diferente da que vem ocorrendo em nossa cultura, em que a educação fortalece muito o aspecto da comodidade, dos pais tentando ao máximo proteger os filhos dos desafios da vida. O resultado disso, como se vê, é uma geração de jovens desconectados da realidade. Parece piada, mas, no Japão, há relatos de crianças que acham que carne de frango nasce em árvore. Em oposição a isso, Gurdjieff incentivava a educação por meio do contato com as várias faces da existência. Muita coisa ele aprendeu com o próprio pai.

Por exemplo, para que o filho adquirisse uma atitude de indiferença em relação a coisas que, em geral, provocam aversão ou covardia nas pessoas, seu pai costumava colocar animaizinhos como rãs, lesmas e minhocas sob o lençol do menino. Ou, então, o levava para tomar banho nas águas geladas do inverno russo. Outras pessoas contam como, aos seis anos de idade, se criavam situações para que elas trabalhassem o medo. O pai de uma criança a levava para acampar na floresta e, chegando lá, dizia: "Vamos fazer uma fogueira, pois aqui tem muitos lobos, mas eles não se aproximam do fogo. Assim, se você mantiver o fogo aceso, não tem perigo". Mas logo o pai sumia, e, por mais de uma hora, a criança ficava sozinha, cuidando de manter o fogo aceso. Claro, o pai estava por perto, vendo tudo de trás de uma árvore, mas, para a criança, era todo um processo de descoberta da atenção e da coragem.

QUANTO A ESSE TRATAMENTO, DIGAMOS, MAIS RADICAL, GURDJIEFF ERA FAMOSO PELO MODO IMPLACÁVEL COM QUE, ÀS VEZES, TRATAVA SEUS ALUNOS, USANDO MÉTODOS NADA ORTODOXOS DE ENSINO. LEMBRA-ME ATÉ DE UMA FRASE DA **MADAME BLAVATSKY**: "UMA PESSOA APRENDE MAIS COM SEUS INIMIGOS DO QUE COM SEUS AMIGOS". O GURDJIEFF ASSINARIA EMBAIXO DESSA FRASE?

Escritora e ocultista russa, Helena P. Blavatsky foi cofundadora da Sociedade Teosófica, tendo escrito várias obras, como a série intitulada *A Doutrina Secreta*.

Certamente. Ele criava situações das mais exigentes para seus alunos. Por exemplo, certa vez ele fez uma longa viagem, e, durante sua ausência, algumas senhoras remodelaram o jardim do centro de estudos no qual ele vivia com cerca de 200 alunos, no interior da França. Após muito trabalho, o jardim ficou uma maravilha, e, todos os dias, as senhoras falavam de como ele ia adorar o jardim. Mas, ao voltar, ele simplesmente comentou: "É, está bonito" – e saiu. Naquela mesma noite, dezenas de porcos fugiram do chiqueiro e destruíram o jardim. Mais tarde é que se foi saber que havia sido o próprio Gurdjieff que pedira a alguém para abrir a porta do chiqueiro.

A princípio pode parecer um absurdo, mas qual é a função disso? Quebrar a identificação, o apego que aquelas senhoras haviam criado com o jardim, querendo **guardá-lo** imaculado, como se ele fosse a coisa mais importante do universo. A coisa mais importante é o trabalho interior. Não podemos nunca nos esquecer de nós mesmos.

O que você dá te pertence. O que você guarda é perdido para sempre. (Provérbio armênio)

OU SEJA, DESDE CUIDAR DE UM JARDIM ATÉ TER QUE LIDAR COM UM VIZINHO CHATO, TUDO NA VIDA PODE SER UM INSTRUMENTO DE APRENDIZADO?

A sua vida, exatamente como ela é – neste emprego, nesta família, neste contexto social –, é a condição ideal para que você possa se trabalhar. Ninguém precisa ir a uma caverna para atingir a iluminação. Tudo no mundo pode ser material de aprendizado. A grande questão é desenvolver uma atitude generosa perante a vida, uma aceitação plena em relação ao próximo. E é apenas ao trabalhar sobre si, aceitando suas próprias contradições, que alguém se torna capaz de exercer isso em relação ao outro. Senão, ocorre o que vemos o tempo todo: o sujeito lê mil livros, faz isso e aquilo, mas está sempre julgando as outras pessoas. De novo, a palavra é aceitação. Aceitar o nosso lobo, aceitar o nosso cordeiro, aceitar a dinâmica total de nosso ser. Como o barqueiro da história que falamos antes. Na vida, estamos sempre atravessando um rio, e temos que cuidar para que o lobo não coma a cabra, nem a cabra coma a couve. É esse o desafio, e é para dar conta dele que estamos aqui.

MELHOR DE TRÊS

O FILÓSOFO FRIEDRICH NIETZSCHE DIZIA QUE UMA ESPÉCIE DE ORAÇÃO DE CADA PESSOA AO INICIAR O DIA DEVERIA SER UM PENSAMENTO DO TIPO "HOJE VOU DAR ALEGRIA A ALGUÉM". EM SUA OPINIÃO, QUAL DEVE SER A ORAÇÃO DE CADA PESSOA PARA COMEÇAR O DIA?

Uma oração que me acompanha, há anos, é a que foi lida por ocasião da morte de Gurdjieff: "Que Deus e todos os seus anjos nos preservem de fazer o mal, ajudando-nos sempre e em toda parte a nos lembrarmos de nós mesmos".

O QUE É UMA PESSOA VIRTUOSA?

Uma pessoa virtuosa é aquela que se dá conta de sua própria nulidade, de que, na verdade, não sabe nada. É alguém que, a partir dessa visão, desse não saber, permanece aberto a aprender.

ATÉ HOJE, QUAL FOI O SEU MAIOR APRENDIZADO NA VIDA?

Um de meus maiores aprendizados foi reconhecer que há muita coisa a ser feita e que, sem um trabalho constante sobre mim mesmo, não terei chance alguma de ajudar nesse processo. Foi compreender que liberdade não significa fazer apenas o que é mais cômodo, o que me dá mais prazer, mas que liberdade é aprender a fazer o que deve ser feito.

MESA-REDONDA

Susan Andrews pergunta:

"LEMBRANDO A IMPORTÂNCIA DO SILÊNCIO NAS OBRAS DE **JOHN CAGE**, QUAL É O PAPEL DO SILÊNCIO EM SUAS COMPOSIÇÕES?"

Compositor americano, foi um dos grandes nomes da música de vanguarda no século XX, ficando célebre, entre outras obras, pela peça *4'33"*, música que consiste em 4 minutos e 33 segundos em que não se toca nenhuma nota.

Acredito que a busca do silêncio interno seja uma das grandes metas do trabalho interior. Somente quando estamos apoiados nessa condição de maior equilíbrio interno é que podemos, pouco a pouco, aprender realmente a ouvir, a ver, a sentir. A habilidade de tocar um instrumento, de fazer música e, ainda, de ouvi-la depende essencialmente dessa busca. Como disse o sr. Gurdjieff: "O silêncio não é a ausência de sons, mas a ausência do ego".

PARA SE CONHECER

Site:

www.gurdjieff.org.br

CDs:

Cantos e Ritmos do Oriente (Gurdjieff/de Hartmann), de Artur Andrés, Mauro Rodrigues e Regina Amaral (Sonhos e Sons)

Hinos, Preces e Ritos (Gurdjieff/de Hartmann), de Artur Andrés e Regina Amaral (Sonhos e Sons)

GUDRUN BURKHARD

A ARTE DE CURAR

A sabedoria ancestral é repleta de lendas extraordinárias, mas o mundo contemporâneo também tem as suas. Como a que narra a história de uma garotinha que, com uma doença raríssima, só sobreviveria se recebesse a transfusão de sangue de seu irmãozinho – milagrosamente, ele havia escapado da mesma moléstia, criando anticorpos contra a doença. No hospital, após explicar o caso ao garoto, o médico perguntou se ele doaria seu sangue para a irmã. Ele hesitou um pouco, mas respondeu: "Sim, para salvá-la, eu doo". Assim que a transfusão começou, a menina já deu sinais de melhora, alegrando a todos, incluindo o garoto. Mas logo ele ficou sério, tristonho e perguntou baixinho para o médico: "Eu vou morrer agora mesmo?". E todos se emocionaram: ele havia pensado que, para salvar a irmã, teria de doar todo o seu sangue...

Essa história, em que a cura só foi possível porque, na base, houve um ato de amor, independentemente da técnica, ilustra bem a visão adotada e ensinada por

Gudrun Burkhard, 86 anos, ao longo de várias décadas um dos principais nomes da antroposofia no Brasil. Nascida em São Paulo e formada em medicina na USP, desde cedo abraçou as propostas da ciência espiritualista criada pelo austríaco Rudolf Steiner. O princípio básico da antroposofia é o desenvolvimento integral do ser humano, buscando fazer a conexão do homem, da natureza e do sagrado nos mais variados campos, como a educação (pedagogia Waldorf) e a medicina.

Com mais de dez livros publicados e décadas de trabalho como médica e professora, Gudrun participou da fundação da Associação Brasileira de Medicina Antroposófica, assim como da criação da Clínica Tobias e da Artemísia, Centro de Desenvolvimento Humano, ambos em São Paulo. Também criou a Associação Sagres, em Florianópolis (SC), e foi quem trouxe para o Brasil a Weleda, laboratório que produz remédios e cosméticos naturais. Ela agora tem se dedicado à terapia biográfica, um processo terapêutico baseado nos preceitos antroposóficos. Sempre, como o garotinho da história, em espírito de doação. Segundo ela afirma: "Uma pessoa virtuosa é aquela que coloca suas aptidões à disposição do mundo".

PARA COMEÇAR, GOSTARIA QUE A SENHORA FALASSE SOBRE A PEDAGOGIA WALDORF, SOBRETUDO EM RELAÇÃO A UM DE SEUS ASPECTOS PRIMORDIAIS, QUE É A IMPORTÂNCIA QUE SE DÁ À NECESSIDADE DE BRINCAR PARA O DESENVOLVIMENTO DA CRIANÇA.

A característica fundamental da pedagogia Waldorf é o foco no desenvolvimento da criatividade interior do ser humano. Com isso, sobretudo nos primeiros anos, busca-se não sobrecarregar a criança com demandas de caráter intelectual, como uma alfabetização precoce, mas enfatiza-se o **brincar** como fonte de aprendizado. Aliás, o que vemos hoje é que as crianças não sabem mais brincar, que os pais também não sabem mais brincar com os filhos. Nesse sentido, o estímulo à brincadeira é essencial. A criatividade desenvolvida pela criança ao brincar manifesta-se, no futuro, sob a forma de criatividade no trabalho, de motivação profissional, de motivação pela própria vida.

Brincar é o único meio pelo qual a inteligência mais elevada da humanidade pode se revelar. (Joseph Chilton Pearce, escritor, pesquisador e espiritualista americano, autor de *A Criança Mágica*)

MAS UM ASPECTO IMPORTANTE NESSA BRINCADEIRA TODA É O CUIDADO PARA CERCAR AS CRIANÇAS COM O QUE RUDOLF STEINER CHAMAVA DE "BONS BRINQUEDOS". QUE BRINQUEDOS SÃO ESSES?

Um bom brinquedo é aquele com o qual a criança tem oportunidade de participar de sua própria criação, e não aquele que é dado a ela pronto e acabado. Por exemplo, uma menina pode pegar uns pauzinhos, um pedaço de guardanapo, um pouco de palha de milho, o que mais tiver à mão, e logo já tem uma boneca. Assim, de maneira simples, pela fantasia e pela imaginação, ela vai criando a si mesma enquanto cria seu brinquedo, em vez de ganhar uma boneca de plástico que canta, que chora, que faz não sei mais o quê. E aqui entra outra coisa importante também, que é a questão do tato, da realidade material das coisas. Basta tocar um plástico para ver, é algo frio, sem vida, como aqueles bonecos de ar, do tamanho de uma criança, mas que, quando ela pega, são tão leves quanto uma bola. Ou seja, cria-se uma ilusão, e não uma experiência lúdica da realidade, que é o que acontece quando se brinca com barro, com água, com areia, com tecidos.

E QUAL É O PAPEL DOS CONTOS DE FADAS? QUAL É O VALOR DE SE CONTAR HISTÓRIAS PARA AS CRIANÇAS?

Os contos de fadas são verdades interiores da alma. Por meio deles, a criança vai ganhando intimidade com sua própria psique, reconhecendo a si mesma em cada elemento da história que repercute em seu interior. Todos os contos de fadas trabalham com imagens e verdades profundas da evolução espiritual do homem, mas fazem isso por meio da fantasia, o que permite que a criança trabalhe esses aspectos profundos de forma adequada a seu estágio de desenvolvimento. Assim, em vez de aprender de modo autoritário, por meio de castigos e predicações morais, ela o faz por meio da **imaginação**.

Não se quer bem senão àquilo que se imagina ricamente. (Gaston Bachelard, filósofo e poeta francês)

JÁ QUE ESTAMOS NESSE TERRENO DA INFÂNCIA, RUDOLF STEINER DIZIA QUE A VIDA HUMANA É CARACTERIZADA POR CICLOS DE SETE ANOS, SENDO QUE EM CADA PERÍODO HÁ A PREDOMINÂNCIA DE DETERMINADAS CARACTERÍSTICAS. QUAIS SÃO OS ASPECTOS PREDOMINANTES NESSE CICLO DA PRIMEIRA INFÂNCIA E QUE TIPO DE "ALIMENTOS" DEVEMOS DAR ÀS CRIANÇAS NESSA FASE?

A antroposofia trabalha com ciclos de sete anos, que chamamos de setênios, por entender que são os períodos em que as transformações pessoais se dão de forma mais nítida. No caso do primeiro setênio, de zero a sete anos, é a fase em que a criança desenvolve todos os seus sentidos básicos. Além do que já falamos antes – da importância de muita brincadeira, com brinquedos de qualidade, e do hábito de contar histórias –, nesse período é essencial que a criança adquira consciência de ritmo, de regularidade. Isso inclui desde um ritmo sadio de sono e vigília, com hora certa para acordar, para comer, para dormir, até a participação nos rituais das várias festividades ao longo do ano, como as festas de São João, da Páscoa ou do Natal. Tudo isso é importante para dar um sentimento de segurança à criança, pois, se a cada dia as coisas acontecem numa hora diferente, gera-se uma enorme insegurança interna nela.

A querida luz
do Sol
Ilumina-me o dia.
A força espiritual
da alma
Dá força aos
membros;
Em brilho de luz
do Sol
Venero, ó Deus,
A força humana,
que Tu
Em minha alma
para mim
Tão bondoso
plantaste,
Para que eu possa
ser laborioso
E desejoso
de aprender.
De Ti provêm luz
e força,
Para Ti fluem
amor e gratidão.
(Poema recitado pelos alunos das primeiras séries das escolas Waldorf, no início das aulas pela manhã)

A SENHORA FALOU DE FESTIVIDADES COMO A PÁSCOA E O NATAL, E OUTRO TEMA BASTANTE DISCUTIDO EM RELAÇÃO À EDUCAÇÃO INFANTIL É A CONVENIÊNCIA OU NÃO DO ENSINO DA RELIGIÃO DURANTE A INFÂNCIA. QUAL É A SUA VISÃO SOBRE ISSO?

É muito importante para o desenvolvimento da criança que ela cresça num ambiente em que se cultivam valores espirituais. Agora, isso independe da confissão religiosa de cada um, pois não se trata de religião, mas de religiosidade. Uma religiosidade perante a natureza, o desabrochar de uma flor, o nascer do **sol**. E também a religiosidade que se manifesta no respeito e na devoção em relação ao adulto, a alguém que está lhe ensinando os limites necessários na vida.

AGORA QUE NOSSA CONVERSA JÁ ESTÁ UM POUCO MAIS CRESCIDINHA, PODEMOS FALAR DO SEGUNDO CICLO DE SETE ANOS DA INFÂNCIA. QUAIS SÃO OS ASPECTOS PRIMORDIAIS DESSE PERÍODO?

No segundo setênio, que vai dos 7 aos 14 anos, é quando a criança, digamos, vai para o mundo e começa a fase escolar propriamente dita. Na escola, ela consolida o universo da inter-relação entre o eu e o tu, como se fosse o próprio ritmo da respiração: de um lado, ela inspira, interioriza os ensinamentos do exterior; e, de outro, ela expira, ou seja, ela expressa esses ensinamentos a partir de seu próprio jeito de ser. É um período importantíssimo, que vai fundamentar as relações sociais mais tarde na vida. Nessa fase de formação dos sentimentos, um elemento essencial é a vivência da beleza, tanto no meio ambiente como na arte. E, ainda, manter a atitude de religiosidade de que falamos, que ajuda a criança a não ficar desnorteada em meio às próprias emoções.

BOM, MAS EM RELAÇÃO A EMOÇÕES QUE DESNORTEIAM, NO TERCEIRO SETÊNIO DE VIDA, ENTRAMOS NO ATRIBULADO TERRENO DA ADOLESCÊNCIA, QUANDO MUITOS JOVENS PASSAM A CONTESTAR TUDO E TODOS. COMO TORNAR ESSA FASE MENOS CONTURBADA?

Pois é, esse período dos 14 aos 21 anos é bastante atribulado mesmo, porque o jovem vive a tensão entre os altos ideais típicos dessa época, como a vontade de mudar o mundo, e o despertar dos próprios desejos, da própria sexualidade. Mas isso é inerente ao desenvolvimento da personalidade, da consciência do eu.

O jovem começa a se perguntar: “Quem sou eu? Por que estou aqui neste mundo? O que devo fazer daqui para frente?”. Assim, o conhecimento científico que ele recebe nessa época é muito importante, sem dúvida, mas é preciso que ele tenha amparo em sua busca por uma verdade psicológica, por uma verdade espiritual, no sentido de “quem sou eu?”. Um grande auxílio para isso é a leitura de biografias de pessoas que foram exemplos para a humanidade, que pautaram sua vida por princípios nos quais o jovem possa se espelhar.

OLHANDO EM RETROSPECTO PARA TODO ESSE PROCESSO EDUCACIONAL, ME VEM UMA AFIRMAÇÃO DO RUDOLF STEINER, QUANDO ELE DIZ: “TODA EDUCAÇÃO É AUTOEDUCAÇÃO, E NÓS, COMO PROFESSORES E EDUCADORES, SOMOS, EM REALIDADE, APENAS O AMBIENTE DA CRIANÇA EDUCANDO-SE A SI PRÓPRIA”. OU SEJA, EDUCAR, NO FUNDO, É APENAS DEIXAR A CRIANÇA SER O QUE ELA É?

Sim, a criança certamente precisa de um norte, mas o foco do **ensino** deve ser este: ajudá-la a despertar a essência do que ela é, a desenvolver sua criatividade e os potenciais que trouxe para a vida. Rudolf Steiner usa três frases para resumir cada um desses períodos: no primeiro setênio, “O mundo é bom”; no segundo, “O mundo é belo”; e, no terceiro, “O mundo é verdadeiro”. Em relação a esse último aspecto, entra a questão imprescindível da autenticidade, do espírito da verdade que deve ser transmitido ao jovem pelos adultos. Pais e professores ensinam muito mais por aquilo que eles representam, por aquilo que eles são, do que por aquilo que eles têm de conhecimento.

Nada podes ensinar a um homem. Podes somente ajudá-lo a descobrir as coisas dentro de si mesmo.
(Galileu Galilei, cientista e filósofo italiano)

UM ELEMENTO BASTANTE VALORIZADO PELA ANTROPOSOFIA, AO LONGO DE TODOS OS PERÍODOS DA VIDA, É A ATIVIDADE ARTÍSTICA. QUAL É O BENEFÍCIO DE SE DEDICAR A ALGUMA ESPÉCIE DE ARTE PARA O DESENVOLVIMENTO PESSOAL?

Viver é afinar
o instrumento
De dentro
pra fora
De fora
pra dentro
A toda hora
A todo momento
De dentro
pra fora
De fora
pra dentro
(Trecho da música *Serra do Luar*, do cantor e compositor Walter Franco)

As atividades artísticas, sejam elas quais forem, são um **instrumento** valiosíssimo, primeiro, para o desenvolvimento da própria criatividade, e, junto disso, para o enobrecimento das emoções. Ao se manifestar artisticamente, a pessoa enriquece a sua capacidade de troca com o outro e, ao mesmo tempo, vai trabalhando a sua harmonização interna, o equilíbrio de seus sentimentos. De certa forma, é uma transcendência também, pois, para se expressar, a pessoa tem que buscar em seu interior algo que transcende o visível. Lembrando que a pessoa não precisa ser um artista, ser um profissional, para se manifestar artisticamente. Basta que, ao se expressar, ela o faça de forma artística. Rudolf Steiner, por exemplo, enfatizava que o ensino em si é algo que deve ser artístico, assim como, no caso da medicina, deve-se buscar uma arte de curar.

Um médico deve fazer uma consulta de uma hora, na qual, durante dez minutos, deve auscultar os órgãos do paciente e, durante os 50 minutos restantes, sondar-lhe a alma. (Maimônides, médico e pensador judeu)

EM RELAÇÃO À MEDICINA, A ANTROPOSOFIA DEFENDE A NECESSIDADE DE SE BUSCAR UMA MAIOR HUMANIZAÇÃO, OU PODEMOS DIZER ATÉ UMA ESPIRITUALIZAÇÃO DOS PROCESSOS TERAPÊUTICOS. É ISSO MESMO?

Ao longo dos anos, todos os procedimentos técnicos da medicina avançaram muito, o que, obviamente, tem grande valor. O problema é que tudo ficou delegado apenas ao campo da técnica, e os **médicos** se esquecem de enxergar o ser humano integralmente, em todos os seus aspectos, que vão desde o físico e o psicológico até o espiritual. A medicina, como arte de curar, deve levar em conta o aspecto individual de cada um, pois cada pessoa tem uma biografia única. Assim, não adianta eu aplicar a técnica se não sei em quem estou aplicando. Além disso, é importante que o médico trabalhe no seu próprio autodesenvolvimento, pois só assim poderá incentivar o paciente a fazer o mesmo. Porque, se a pessoa não mudar sua atitude perante a vida, a gastrite ou a pneumonia que ela curou hoje vão voltar de outra forma amanhã. Por isso damos valor ao que chamamos de trabalho biográfico, em que incentivamos a pessoa a entender a sua biografia, para que possa mudar condutas que precisam ser mudadas, prevenindo-se de recaídas futuras.

A SENHORA PODE FALAR UM POUCO MAIS SOBRE O TRABALHO BIOGRÁFICO? DE QUE SE TRATA ESSE PROCESSO TERAPÊUTICO?

No trabalho biográfico, a pessoa faz uma análise retrospectiva de sua história, desde o nascimento até o tempo presente, buscando tomar consciência dos principais eventos por que passou. E o que descobrimos é que, em diversas situações, seguimos padrões de comportamento negativos, fruto de condicionamentos incorporados na infância que vamos repetindo ao longo da vida. Eu sempre digo, é melhor a pessoa fazer uma parada espontânea agora, para se conhecer e ver o que precisa mudar em sua vida, do que, mais tarde, ter que fazer uma parada forçada por causa de um infarto ou alguma crise desse tipo.

E essa **decisão**, de saber quais são nossos objetivos reais na vida, deve ser tomada hoje, não adianta ficar deixando

No tocante a todos os atos de iniciativa e de criação, existe uma verdade fundamental (...) a de que, no momento em que nos comprometemos definitivamente, a providência também se move. (...) Uma corrente de acontecimentos brota da decisão, fazendo surgir a nosso favor toda a sorte de incidentes, encontros e assistência material que nenhum homem sonharia que pudessem vir ao seu encontro. O que quer que você possa fazer, ou sonha poder fazer, faça-o! Coragem contém genialidade, poder e magia. Comece-o agora! (J. W. Goethe, escritor, poeta e pensador alemão)

Escritor alemão autor do *best-seller O Poder do Agora*.*

para amanhã. Como o **Eckhart Tolle** enfatiza bastante, precisamos estar presentes. Seja por qual caminho for, cada pessoa tem que buscar suas verdadeiras motivações na vida. À medida que envelhecemos, que ganhamos mais experiência, percebemos que é preciso mudar a tônica do campo material para o campo espiritual. Mas, novamente, isso é algo que deve começar agora.

NA ANTROPOSOFIA TAMBÉM SE FALA BASTANTE DA PRESENÇA DE ANJOS, DE SERES ESPIRITUAIS EM NOSSA VIDA COTIDIANA. COMO ELES SE MANIFESTAM?

A maior parte das pessoas acredita numa força maior, que elas podem denominar de Deus, de anjo da guarda, de eu superior, não importa o nome. O que importa é que esse ser, esse nosso guia pessoal existe, mas temos que aprender a nos conectar com ele, pois é ele que nos dá nossas intuições e inspirações mais profundas. O cerne da personalidade, claro, também tem um papel fundamental no modo como nos colocamos na vida, mas as nossas verdadeiras inspirações chegam por intermédio desse ser superior. Nesse sentido, é importante que cada um busque se conectar interiormente com esse guia, não só para o seu próprio desenvolvimento, mas também para que adquira um senso mais humanitário, de cuidado com o outro e não só com os próprios egoísmos.

E DE QUE FORMA PODEMOS NOS CONECTAR COM ESSAS ESFERAS SUPERIORES?

* *Confira a entrevista com Eckhart Tolle no terceiro volume da série* Palavras de Poder.

O essencial é dedicar um pouco de tempo por dia, nem que sejam apenas alguns minutos, em que conscientemente buscamos nos conectar com a esfera espiritual. Isso pode se dar através da meditação, de sentar em silêncio, de olhar para o céu, de contemplar o pôr do sol, todas essas são formas de se conectar com a espiritualidade. Outra maneira é prestar atenção aos momentos de transição para o acordar e para o dormir. Não estou falando de sonhos, mas da hora consciente logo após acordar ou antes de dormir. Quantas vezes levamos uma pergunta conosco quando vamos deitar? Podemos fazer isso mais conscientemente. Claro, não uma pergunta do tipo como eu ganho mais dinheiro, mas, sim, como eu posso lidar melhor, por exemplo, com alguém com quem tenho dificuldades de relacionamento. A pessoa foca uma pergunta antes de adormecer e, muitas vezes, já acorda pela manhã com a resposta de como encaminhar melhor a situação. Há muitas formas de se conectar com a espiritualidade, só depende de nós.

MELHOR DE TRÊS

O FILÓSOFO FRIEDRICH NIETZSCHE DIZIA QUE UMA ESPÉCIE DE ORAÇÃO DE CADA PESSOA AO INICIAR O DIA DEVERIA SER UM PENSAMENTO DO TIPO "HOJE VOU DAR ALEGRIA A ALGUÉM". EM SUA OPINIÃO, QUAL DEVE SER A ORAÇÃO DE CADA PESSOA PARA COMEÇAR O DIA?

Uma boa forma de oração para começar o dia é escolher uma determinada virtude para colocar em prática naquele dia. Por exemplo, se uma pessoa costuma explodir diante de qualquer situação, pode escolher a virtude da paciência.

Ou alguém que nunca dá carona aos outros, escolhendo a virtude da solidariedade, pode se propor a dar uma carona a alguém, e por aí vai. Ou seja, o propósito é a oração.

O QUE É UMA PESSOA VIRTUOSA?

Uma pessoa virtuosa é aquela que coloca suas aptidões à disposição do mundo. Isso, claro, requer um trabalho longo consigo mesmo. Rudolf Steiner chegou até a escrever um pequeno livro, chamado *O Conhecimento dos Mundos Superiores*, em que ensina vários exercícios práticos para cultivarmos a virtude no cotidiano.

ATÉ HOJE, QUAL FOI O SEU MAIOR APRENDIZADO NA VIDA?

Sinto que foi a consciência de que eu nunca estou sozinha, de que, por maiores que sejam os desafios que eu tenha que enfrentar, sempre existe um ser espiritual a meu lado, mostrando que eu não preciso ter medo de nenhuma situação, pois é o medo que tolhe tudo. A consciência de que há uma instância superior a meu lado me dá coragem, e coragem tem a ver com o coração.

MESA-REDONDA

Monja Coen pergunta:

“SINTO QUE ESTÁ HAVENDO UMA MUDANÇA DE CONSCIÊNCIA NO MUNDO, COM UM GRUPO CADA VEZ MAIOR DE PESSOAS PREOCUPADAS COM AS QUESTÕES DO MEIO AMBIENTE, DA VIDA NA TERRA. E SINTO QUE ISSO É UMA MUDANÇA DO

PRÓPRIO DNA DA ESPÉCIE HUMANA, QUE NÃO QUER DESAPARECER, QUE QUER SER MANTIDO VIVO. GOSTARIA DE SABER SE A SENHORA CONCORDA COMIGO, QUE O DNA DA ESPÉCIE HUMANA É RESPONSÁVEL POR ESSA MUDANÇA DE CONSCIÊNCIA."

Sem dúvida, no que se refere ao componente biológico do ser humano, o DNA é responsável por parte importante desse processo de mudança. Mas também há outro componente, que é o espiritual. Na antroposofia, cremos na reencarnação. Nesse sentido, o cerne individual do ser humano vem passando por transformações de consciência desde as épocas ancestrais, em culturas como as da Índia, do Egito e da Grécia, que, de algum modo, todos nós vivenciamos como seres encarnados na Terra. E a experiência de todas essas culturas está voltando de forma bastante significativa hoje. Assim, ao lado do importante componente biológico, que é a mudança do DNA, a transformação a que assistimos hoje é fruto do processo em que, através dos tempos, a entidade espiritual do ser humano vem adquirindo mais consciência a cada encarnação, a cada passagem pela Terra.

PARA SE CONHECER

Site:
www.asssagres.org.br
Livros:
Tomar a Vida nas Próprias Mãos, de Gudrun Burkhard (Editora Antroposófica)
Homem – Mulher: A Integração como Caminho de Desenvolvimento, de Gudrun Burkhard (Editora Antroposófica)

CHANDRA LACOMBE

O ORÁCULO DO SOM

Numa das fantásticas lendas do imaginário hindu, Durga, a deusa guerreira e invencível que brande armas em cada um de seus vários braços, já estava há dias se digladiando com o demônio Raktabija numa batalha que, quanto mais sangrenta, mais difícil ficava. Isso porque o rival contava com um artifício diabólico: cada gota derramada de seu sangue transformava-se num novo demônio. Assim, do sangue que jorrava das cabeças cortadas pela deusa, nasciam mais e mais inimigos. O combate parecia não ter fim, quando Durga, furiosa, assumiu sua forma mais terrível, como Kali, a devoradora da maldade. Kali, então, usou uma estratégia fulminante: após decepar a cabeça de cada demônio, ela bebia o sangue que escorria, impedindo que surgissem outros inimigos, até que, por fim, destruiu o maléfico rival.

Para muitos, essa lenda ensina que, para extirpar o mal, não adianta apenas o combater, é preciso elaborar seu significado, integrá-lo completamente. Uma interpretação que seria assinada embaixo pelo músico e terapeuta Marcos Lacombe Barroso, ou Chandra Lacombe, como é conhecido. Com vários CDs gravados de forma independente, suas "armas" são a própria voz e a ***kalimba***, já tendo tocado com estrelas da música devocional, como o americano Krishna Das. Um dos principais aspectos de seu trabalho, contudo, gira em torno do Oráculo Musical, espécie de tarô desenvolvido por ele em que, em vez de cartas, a leitura do momento de vida da pessoa é dada por meio de músicas, chamadas de arcanos-canção.

Instrumento de origem africana que consiste em uma caixa de madeira com várias hastes metálicas que são tocadas com os dedos.

Ligado às tradições do Oriente, aos 51 anos, Chandra também desenvolve um estudo que denomina Linha Unificada, em que une a psicologia com a espiritualidade, incorporando ainda o uso da *ayahuasca*, bebida psicoativa sagrada para os povos indígenas amazônicos e que, nos meios urbanos, ganhou o nome de Daime ou Vegetal. Na base de tudo, usa elementos do Pathwork, abordagem terapêutica que nasceu do trabalho mediúnico da austríaca Eva Pierrakos, que enfatiza a necessidade de confrontarmos nossos próprios demônios internos para que possamos superá-los. "O primeiro passo para a transformação de algo é reconhecer que esse algo existe", diz Chandra. "Quando aceito algo em mim, eu integro e, assim, posso transformar."

VAMOS COMEÇAR NOSSA CONVERSA COM UM TRECHO DE *REDENÇÃO*, UMA DAS CANÇÕES DE SEU ORÁCULO, QUE DIZ: "MIRO O INFINITO E SINTO-ME FELIZ. (...) PEÇO EM SILÊNCIO POR TUDO O QUE JÁ VI, TUDO O QUE OUVI". VOCÊ FALA DA GRATIDÃO POR TUDO O QUE VIVEU, MAS SINTO QUE, NA PRÁTICA, ESSA ACEITAÇÃO PLENA DE

TUDO O QUE SOMOS E VIVEMOS É BEM DIFÍCIL, POIS ESTAMOS SEMPRE ATRÁS DE UMA IMAGEM PERFEITA DE NÓS MESMOS, QUE NOS GARANTIRIA O AMOR DOS OUTROS. VOCÊ CONCORDA?

De fato, nós passamos a maior parte do tempo investindo na construção de uma imagem idealizada de nós mesmos, na criação de uma *persona* que, quase sempre, está totalmente divorciada de nossa essência, de nossa verdadeira identidade, daquilo que poderíamos chamar de "agenda da alma". E tudo isso, como você disse, é fruto da noção totalmente equivocada de que, por meio desse eu idealizado, receberemos a tão sonhada aprovação dos **outros**. Só que isso é uma grande falácia, cujo único resultado é fazer com que o real anseio de nossa alma, aquilo que realmente daria significado à nossa existência, fique soterrado por camadas e mais camadas de idealizações.

Eu nada espero dos outros; logo, suas ações não podem se opor aos meus desejos. (Swami Sri Yukteswar Giri, líder espiritual indiano)

E COMO SUPERAR ESSA MANIA DE PERFEIÇÃO?

A continuação da própria canção que você citou já traz a resposta: "Olhe primeiro em seu interior, o verdadeiro e único senhor". Isso significa que, em vez de a pessoa ficar buscando respostas fora dela, numa avidez para encontrar satisfação no mundo, o que ela deve fazer é voltar-se para o seu interior. Ela deve buscar se conectar com um nível interno mais profundo, em que poderá reconhecer e acatar a instrução que já está sendo ditada pelo seu próprio eu verdadeiro. O caminho é este: voltar-se para dentro, buscar o autoconhecimento, efetivamente. Só assim poderá reconhecer essa voz interna, que é o guia de que está precisando, o seu "verdadeiro e único senhor".

MAS COMO DISCERNIR SE AS VOZES QUE FALAM INTERNAMENTE SÃO MESMO DESSE "VERDADEIRO SENHOR"?

Apenas a experiência do autoconhecimento dá subsídios para que a pessoa consiga distinguir quais vozes estão na diretriz de sua psique. Quem está no trono dessa consciência? São vozes de cobranças sociais, ecos de comandos paternos arraigados na mente? Ou são **vozes** da sua essência, clamores legítimos de sua alma? Todos nós temos que responder a essas questões. Para isso, é imprescindível fazermos um trabalho de realinhamento interno, por meio de uma terapia, de uma busca espiritual, da meditação, da arte. Há várias formas, todas voltadas para a criação de uma intencionalidade positiva, um estado de presença que nos ajuda a transformar nosso cotidiano num campo de realizações de tudo o que é bom e próspero. A humanidade é justamente esta alquimia do ser em constante depuração, para, um dia, manifestar a sua essência, que é amor, inclusão, totalidade.

luzes acesas
vozes amigas
chove melhor
(Alice Ruiz, poeta paranaense)

O QUE NOS IMPEDE DE REALIZAR ESSE POTENCIAL DE HUMANIDADE EM NÓS?

Aqui entra o que podemos chamar de "eu inferior". Trata-se do ego em desalinho, que se arvora a ser o senhor de todo o nosso sistema, sabotando o potencial de vida que há em nós, por meio de uma série de atitudes e sentimentos orientados para a negatividade. Esse eu inferior é como uma praga dentro de nosso psiquismo. E como ele surge? Como ele perpetua a sua dinastia? Ele perpetua a sua dinastia através da tendência que todos nós temos de negar a nossa sombra, de ocultar os nossos defeitos. É o jogo da natureza humana, de acreditar que o mal nunca está em nós, mas sempre e unicamente no outro. Por investir numa imagem idealizada e irreal de mim mesmo, projeto todas as minhas imperfeições no outro.

Acontece que, se não olho para a sombra, é impossível ver a luz, pois, todo esse material que não quero ver, que não consigo aceitar como parte inerente de meu processo de crescimento, tudo isso se torna uma força opositora da própria manifestação da luz que há em mim. A essência de nosso ser quer deslanchar, quer ver florescer seu potencial, quer manifestar o bem. Mas, para isso, é preciso que a pessoa se disponha a fazer um trabalho integrativo sobre si mesma. E o que significa isso? Significa que, em vez desse jogo de ocultamento e projeção, ela busca acolher e integrar todos os aspectos de seu ser, ela abraça a sua própria sombra.

A Árvore e o Amor podem, ambos, em nossos espíritos se juntar numa ideia (...) são coisa que, nascida de um germe, imperceptível, cresce e se fortifica (...) mas quanto mais ela se alça rumo ao céu (ou rumo à felicidade), mais deve descer dentro da obscura substância daquilo que, sem saber, nós somos. (Trecho de *A Alma e a Dança*, do poeta francês Paul Valéry)

ISSO LEMBRA O QUE DIZ O TÍTULO DE UM DOS LIVROS DE EVA PIERRAKOS: *NÃO TEMAS O MAL*. É POR AÍ?

Justamente. Todos nós temos defeitos, imperfeições, não adianta ficar querendo esconder isso embaixo do tapete, achando que eu sou sempre o bonzinho, que o vilão é o outro. A verdadeira maestria é termos a hombridade de aceitar que também temos defeitos, aspectos toscos, **obscuros**, ainda por desenvolver. E saber que não há nada de errado nisso; pelo contrário, é algo muito humano. Sentimentos como inveja, ciúme, raiva, medo, insegurança, tudo isso é parte da experiência humana, são etapas do nosso processo de crescimento e, como tais, precisam ser aceitas. O primeiro passo para a transformação de algo é reconhecer que esse algo existe. Quando aceito algo em mim, eu integro e, assim, posso transformar. No fim, compreendemos que tudo aquilo que costumávamos rotular como "mal", na verdade, era apenas um desvirtuamento da luz, que é a realidade última de nosso ser. Ao dizer: "Não temas o mal", "Abrace a sua sombra", estamos simplesmente dizendo isto: se aceite como você é, veja-se por inteiro – veja, inclusive, a sua dor mais profunda, aquela que você talvez nem saiba que existe.

QUE DOR É ESSA?

É uma ferida emocional que nasce ainda na primeira infância, quando a criança, que se imaginava o centro do universo e do amor paternos, um dia descobre que não pode ter essa atenção e amor exclusivos. Para piorar, ainda se sente culpada por isso, achando que não é amada por não ser boa o suficiente, não ser perfeita. A gente sabe que não existe essa coisa de atenção exclusiva, mas a criança ainda não tem subsídios para entender isso, não tem elementos para elaborar essa dor, de sentir-se rejeitada, inadequada, imperfeita. É uma experiência tão esmagadora que a única saída encontrada por ela é estocar todo esse material numa dimensão inconsciente. E aí começa a se desenvolver a figura do eu idealizado. A criança passa a investir toda a sua energia na criação de um personagem perfeito, com o qual, imagina, terá o amor exclusivo dos pais.

A princípio, parece uma estratégia benéfica, que permite que a criança sobreviva emocionalmente. Só que essa dor fica oculta no inconsciente, mas não desaparece. Enquanto não for encarada, essa "criança ferida" permanece como uma espécie de entidade dentro de nosso psiquismo, uma entidade tirânica que se manifesta ao longo de toda a vida e, muitas vezes, nos coloca numa sequência de fracassos afetivos e profissionais.

MAS COMO ESSA "CRIANÇA FERIDA" SE MANIFESTA EM NOSSA VIDA ADULTA?

Não importa se o choque emocional aconteceu há anos, cronologicamente falando. Para o tempo psicológico, espiritual, aquela dor permanece com uma ressonância profunda e exige ser resolvida. Só que a forma que a "criança ferida" em nós encontra para resolver essa dor é totalmente equivocada: ela busca compulsivamente reeditar, na vida adulta, a situação que provocou o trauma, na esperança de finalmente o vencer. Mas esse é um jogo que ela nunca vai **ganhar**. Por exemplo, imagine um bebezinho de um ano que começa a chorar no berço, com fome. Na psique dessa criança, ela imagina que, por ter o amor exclusivo dos pais, será atendida instantaneamente. Só que, por um motivo qualquer, a mãe demora um pouco a atender ao filho. Resultado? Na hora, a criança internaliza esse evento como sendo uma espécie de rejeição. E de que modo ela vai reeditar isso nos relacionamentos atuais? Acreditando que o fato de receber amor necessariamente vem acompanhado de rejeição.

O começo da sabedoria consiste em aceitarmos que perder também faz parte do jogo. Quando isso acontece, ganhamos alguma coisa de extremamente precioso: ganhamos nossa possibilidade de ganhar. Se sei perder, sei ganhar.
(Hélio Pelegrino, escritor e psicanalista)

CAIRIA NAQUELA FRASE QUE, VIRA E MEXE, OUVIMOS ALGUÉM DIZER: "SÓ GOSTO DE QUEM NÃO GOSTA DE MIM".

Isso, ou algo na linha do "Só gosto de quem me trata mal". Na verdade, o companheiro ou a companheira pode nem estar me tratando mal, mas vou interpretar qualquer atitude do outro como uma rejeição. Mais que isso, vou provocar atitudes no outro que apertem o gatilho para reeditar aquela rejeição primordial. Por exemplo, o namorado acorda e, por uma desatenção qualquer, desperta a ferida inconsciente da namorada. Esse material da experiência infantil acaba gerando uma reatividade na parceira, e pronto, está armado o ringue. E, nesse instante, pode acabar o relacionamento, tornando-se mais um fracasso afetivo que a pessoa vai colecionando ao longo da vida. Simplesmente por não estar em contato com seu nível intrapessoal mais profundo, para perceber que, na realidade, o outro é só um gatilho para disparar processos que ela traz dentro de si, os quais precisam ser integrados. É a típica forma de amor imaturo.

JÁ QUE ADENTRAMOS A ESFERA DOS RELACIONAMENTOS, NO LIVRO *CRIANDO UNIÃO*, EVA PIERRAKOS DIZ: "O VERDADEIRO AMOR VÊ A REALIDADE. SE VOCÊS ESTIVEREM PRONTOS PARA AMAR DA FORMA MAIS MADURA E VIGOROSA, NÃO TENTARÃO FECHAR OS OLHOS AOS DEFEITOS DO SER AMADO; FARÃO EXATAMENTE O CONTRÁRIO". JÁ NO *CÂNTICO DOS CÂNTICOS*, DE SALOMÃO, O AMADO DIZ À AMADA: "SE NÃO FORES QUEM TU ÉS, COMO PODEREMOS NOS ENCONTRAR?". À LUZ DESSES DOIS TRECHOS, QUAL O CAMINHO PARA SE VIVER UM AMOR MADURO?

Primeiro, é bom lembrar que, deixando todo o romantismo de lado, o relacionamento afetivo é uma escola das mais exigentes, um estudo muito profundo. É quando temos a chance de verificar o grau de consciência que conquistamos. Em essência, é para isto que estamos aqui: para aprender a nos relacionar. E o amor maduro é essa grande transformação da consciência, que abandona os modos da separatividade e do retraimento egoísta para adotar um jeito de ser voltado para a fusão e o altruísmo. O modo do amor maduro, do amor verdadeiro, universal, é o modo do doar-se indiscriminado; é entender que a própria felicidade nasce do fato de servir pela felicidade do outro. Agora, como viver esse amor maduro? Não há outro caminho se não o do autoconhecimento.

Os dois parceiros devem ter a clareza de que, enquanto essa dimensão que chamamos de "criança ferida" não estiver elaborada dentro de cada um deles, é praticamente certo que, num dado momento, a relação se transforme num palco do que podemos chamar de "transe-ferências", de projeções inconscientes de uma sombra para outra. Mas, se os dois estão realmente dispostos a investigar a si mesmos no relacionamento, de compreender a própria **dor**, ele se torna uma oportunidade inigualável de aprendizado. É quando eu passo a entender que o outro não é aquele poço de defeitos que eu costumava condenar, mas, sim, um espelho de mim mesmo, um espelho que é um grande professor.

Quem fala mal do amor
Não sabe a vida gozar,
Quem maldiz a própria dor
Tem amor, mas não sabe amar
(Trecho do samba *Provei*, de Noel Rosa e Vadico)

OU SEJA, SE A PESSOA ESTÁ CONSCIENTE, "NÃO FECHAR OS OLHOS AOS DEFEITOS DO SER AMADO" SIGNIFICA, NO FUNDO, NÃO FECHAR OS OLHOS AOS PRÓPRIOS DEFEITOS?

Exatamente. Como eu disse, todo relacionamento vai passar, em algum momento, por essa dinâmica de projeções do material emocional que não foi integrado dentro de cada um dos parceiros. Se a pessoa cai nesse jogo, a relação se torna um inferno, em que o outro é sempre o demônio. Mas o demônio cada um carrega é dentro de si mesmo, sob a forma de defeitos não aceitos, não compreendidos, não transmutados. Assim, se estivermos atentos para compreender esse processo, o outro se torna o grande espelho professor, no qual posso enxergar a minha própria alma.

A partir daí, então, quem sabe o casal possa levar o relacionamento para a dimensão da divina alquimia que o matrimônio pode manifestar. Pois o matrimônio, em essência, é uma grande iniciação. É o espaço em que se pode realizar a união verdadeira entre os princípios masculino e feminino, entre céu e terra, extrapolando completamente os limites das duas personalidades, **assemelhando-se** em divindade. É preciso uma grande maturidade psicoemocional para poder conduzir o relacionamento até essa esfera, mas, de novo, é para isso que estamos aqui, para fazer de cada relação um veículo para o sagrado, para a revelação mútua do Buda que há em mim e do Buda que habita o parceiro.

E se assemelhe a Esposa ao Esposo pelas ações e movimentos do amor, até a completa transformação. (San Juan de La Cruz, poeta e religioso espanhol)

JÁ QUE VOCÊ MENCIONOU O BUDA, O MESTRE INDIANO OSHO CONTA A HISTÓRIA DE UMA MONJA QUE ESTRAGOU A LINDA IMAGEM DE BUDA QUE ELA TINHA, POIS, NÃO QUERENDO PARTILHAR SEUS INCENSOS COM O RESTO DO TEMPLO, FEZ UM FUNIL QUE LEVAVA A FUMACINHA SÓ PARA A SUA IMAGEM, QUE ACABOU FICANDO COM O NARIZ PRETO. AO COMENTAR ESSA PARÁBOLA, ELE DIZ: "UM DOS MAIORES PROBLEMAS DE TODOS NÓS É FAZER A DISTINÇÃO BEM CLARA ENTRE AMOR E APEGO. (...) NADA PODE SER TÃO VENENOSO QUANTO O APEGO". VOCÊ PODE FALAR SOBRE ISSO?

Concordo totalmente. Se o amor maduro é o caminho para a revelação de nosso Buda interior, o apego é o instrumento de sua destruição. Afinal, o que é o apego? É o esquecimento de nossa essência; é buscar a fonte de nossa realização fora de nós. Como você ainda não se conquistou, não tomou posse de si mesmo, tenta possuir o outro, exigindo que ele seja do jeito que você quer. O amor verdadeiro, pelo contrário, permite que o outro seja livre para ser como ele é, permite que o outro seja livre até mesmo para não querer estar com você. Esse é um ponto muito importante. Uma das coisas mais saudáveis num relacionamento é você saber estar bem consigo mesmo, estar em **solitude**. Você não pode perder-se de si, entrando numa espécie de relação simbiótica com o parceiro, perdendo o lastro com sua essência.

Solidão é quando você está sentindo falta do outro. Solitude é quando você está encontrando a si mesmo. (Osho, líder espiritual indiano)

AGORA, QUANDO FALAMOS SOBRE APEGO, EM GERAL PENSAMOS EM COISAS OU PESSOAS. MAS TAMBÉM EXISTE O APEGO A CERTAS EMOÇÕES QUE NÃO CONSEGUIMOS LARGAR, COMO MÁGOAS OU RESSENTIMENTOS...

De fato, e é aí que entra um aprendizado essencial, talvez o maior deles: o aprendizado do perdão. O perdão é uma chave preciosa, que descraviza todas as imagens que você carrega e das quais ainda não conseguiu se libertar. Ele funciona como uma espécie de solvente universal, capaz de dissolver, por exemplo, os pactos de vingança congelados na consciência, firmados pela "criança ferida" de que falamos antes, que passa a vida querendo se vingar dos pais. Na realidade, o grau de liberdade que vamos conseguir em relação aos grilhões dos apegos vai depender, em essência, do grau de honestidade do perdão que conseguimos realizar em relação a nossos pais, aos portais terrenos da nossa existência. Pois é isto que são mães e pais: os portais terrenos de nossa vida, que merecem, sim, todo o nosso **perdão**.

Eu nunca fiz coisa tão certa
Entrei pra escola do perdão
A minha casa vive aberta
Abri todas as portas do coração
(Trecho da canção *Água de Beber*, de Vinicius de Moraes e Antônio Carlos Jobim)

NESSE SENTIDO, AO PERDOARMOS NOSSOS PAIS, SINCERA E VERDADEIRAMENTE, ESTARÍAMOS FAZENDO AS PAZES COM A PRÓPRIA VIDA?

Fazendo as pazes com a vida e, simultaneamente, fazendo as pazes com Deus, maior imagem de autoridade que trazemos em nós. Quando conseguimos realizar essa fase em nosso processo, de perdão a nossos pais, de perdão a tudo o que eles possam ter feito em relação a nós, é um sinal de que estamos realmente trilhando um caminho integrativo. Pois, para perdoar, de verdade, é preciso que, antes, tenhamos tido a coragem de trazer todos os nossos próprios defeitos à luz, para que possam ser compreendidos, integrados, perdoados. Aí, então, podemos voltar a nos identificar com o núcleo de paz que já existe em nós, o "verdadeiro e único senhor" de que falamos antes, a natureza essencial de nosso ser. Um ser que vive em sintonia com sua divindade interior e, com isso, em sintonia com Deus. Deus compreendido como a totalidade do propósito criativo, como a obra mesma do amor. E quem são Seus instrumentos? Somos nós.

MELHOR DE TRÊS

O FILÓSOFO FRIEDRICH NIETZSCHE DIZIA QUE UMA ESPÉCIE DE ORAÇÃO DE CADA PESSOA AO INICIAR O DIA DEVERIA SER UM PENSAMENTO DO TIPO "HOJE VOU DAR ALEGRIA A ALGUÉM". EM

SUA OPINIÃO, QUAL DEVE SER A ORAÇÃO DE CADA PESSOA PARA COMEÇAR O DIA?

Eu tenho uma conexão muito forte com a religião hinduísta, sobretudo com a tradição da qual sou discípulo, a linhagem Sachcha, a mesma de meu mestre Sri Sachcha Prem Baba e de homens santos como Sri Hans Raj Maharaj-ji. E um dos pilares da linhagem Sachcha é o mantra *asatoma*, uma prece védica muito antiga, que, em sânscrito, diz: "*Om asatoma sadgamaya / tamasoma jyotir gamaya / mrtyorma amrtam gamaya*". A tradução quase literal desse mantra seria: "Oh, Deus, poder unitivo e criador universal, conduza-nos do falso para o verdadeiro; conduza-nos das trevas da ignorância para a luz do conhecimento, do veneno para o néctar, da morte para a imortalidade". Essa é uma prece muito poderosa, que a pessoa pode terminar dizendo: "*Sat nam*" – "Que a verdade prevaleça".

O QUE É UMA PESSOA VIRTUOSA?

Uma pessoa virtuosa é aquela que escolhe o amor como princípio de conduta. Escolhe manifestar as qualidades de seu eu superior, escolhe superar suas tendências separatistas, que tentam mantê-la como uma identidade apartada do outro. É aquela que escolhe se doar, colocar o seu talento a serviço da espiritualidade, dos valores humanos, a serviço da vida. É aquela que conquistou um nível de integridade em que seu pensamento, seu discurso e sua ação estão em consonância: ela pensa de forma positiva, fala de acordo com o que pensa e age de acordo com o que fala.

ATÉ HOJE, QUAL FOI O SEU MAIOR APRENDIZADO NA VIDA?

Penso que meu maior aprendizado foi a compreensão de que ainda tenho muito para aprender, que o estudo nunca acaba. É uma consciência que me deixa livre, inclusive, da presunção de achar que já cheguei à minha meta, como se existisse um lugar de chegada e pronto: a perfeição. Em suma, meu maior aprendizado foi justamente a aceitação de minha própria imperfeição, da condição daquilo que não está pronto, que vai sendo lapidado, constantemente, a cada dia, a cada instante.

MESA-REDONDA

Roberto Otsu pergunta:

"SINTO QUE SÓ HÁ UMA PERGUNTA PARA MIM, QUE VAI MUITO ALÉM DE UM MERO JOGO DE PALAVRAS: 'QUAL É A PERGUNTA QUE *VOCÊ* SE FAZ?'"

Eu me faria a seguinte pergunta: "A montagem atual de minha vida reflete, de verdade, minha intenção de manifestar meu inteiro potencial humano?".

PARA SE CONHECER

Site:

www.chandralacombe.com.br

CDs:

Oráculo Musical, de Chandra Lacombe (Produção independente)

Sounds of Awakening, de Chandra Lacombe (Produção independente)

SUSAN ANDREWS

EM PAZ COM O ESTRESSE

Reverenciado por sua sabedoria, certa vez um imperador convocou os artistas mais talentosos do mundo e lançou o desafio: daria um fabuloso prêmio àquele que fizesse o melhor retrato da paz. Mãos à obra, o resultado foi uma série dos quadros mais sublimes jamais vistos, dentre os quais o monarca selecionou dois finalistas. No primeiro, via-se um lago cristalino, que refletia as montanhas verdejantes à sua volta e pássaros voando no céu azul. Já no segundo, um despenhadeiro erguia-se ameaçadoramente sob um céu negro e cortado por relâmpagos, enquanto uma cachoeira desabava morro abaixo junto da tempestade. Todos se maravilhavam ao ver a primeira obra, já prevendo a sua vitória; afinal, a outra era o oposto da paz.

Porém, para assombro geral, foi justamente a segunda a escolhida pelo soberano – que explicou sua decisão: "Vocês não observaram o detalhe mais importante da pintura. Reparem ali". Todos, enfim, notaram: atrás da cachoeira, saindo das ranhuras da rocha, havia um pequeno arbusto, e, nele, um ninho de passarinho – nesse ninho, alheia ao caos reinante, a mãe passarinho chocava seus ovos em paz. "Estar em paz não significa estar onde não há confusão ou dificuldades", disse o imperador. "A verdadeira paz acontece quando, mesmo em meio a tudo isso, você permanece calmo em seu coração".

A decisão do monarca certamente teria sido aplaudida pela psicóloga e antropóloga americana Susan Andrews, 69 anos, uma das maiores especialistas em estresse no Brasil. Formada pela Universidade de Harvard, nos EUA, ela passou mais de duas décadas estudando no Oriente – onde se tornou monja – antes de se mudar para o Brasil, às vésperas da Eco-92. Aqui, fundou o Parque Ecológico Visão Futuro, uma comunidade autossustentável no interior de São Paulo, onde vive e desenvolve cursos em áreas como ecologia, saúde e autoconhecimento. Instrutora de biopsicologia, ciência que une as tradições orientais com a psicologia e a biologia, Susan dá palestras em todo o país sobre as técnicas que criou para nos ajudar a ficar de bem com os estresses do dia a dia. "O importante não é o evento em si, mas o modo como o percebemos", diz. "Se o estresse é experienciado negativamente, pode levar à doença. Mas, se é percebido positivamente, como um desafio, pode despertar o que há de melhor em nós."

AO CONTRÁRIO DA VISÃO COMUM DE QUE DEVEMOS EVITAR O ESTRESSE, A SENHORA ENSINA QUE PODEMOS USÁ-LO A NOSSO FAVOR. COMO É ISSO?

Todos nós precisamos do estresse para evoluir. A resposta de estresse faz parte da reação biológica "lutar ou fugir": é um instinto desenvolvido por todos os animais para o caso de situações de perigo. Na verdade, segundo alguns médicos, a ausência de estresse seria a própria morte. Ter uma quantidade equilibrada de estímulos e desafios na vida é o segredo para maximizar a produtividade e o desenvolvimento pessoal. Como disse o psicólogo americano James Loehr: "A simples exposição ao estresse não tem impacto negativo – pelo contrário, é o mais poderoso estímulo ao crescimento pessoal. O que nos desgasta é a resposta emocional que damos a esses eventos".

ISSO ME LEMBRA DE ALGO DITO PELO ESCRITOR INGLÊS ALDOUS HUXLEY: "EXPERIÊNCIA NÃO É O QUE ACONTECE COM UM HOMEM; É O QUE UM HOMEM FAZ COM O QUE LHE ACONTECE". OU SEJA: O ESTRESSE NÃO É FRUTO DE ALGO QUE ACONTECE CONOSCO, MAS SIM DE NOSSA REAÇÃO A ISSO?

Sim. Imagine um grupo de pessoas numa montanha-russa. Aquelas na frente do carro estão batendo palmas, curtindo cada momento. Aquelas atrás estão apavoradas, com seus olhos fechados e seus dentes cerrados, não vendo a hora de tudo acabar. A mesma situação, mas diferentes respostas. O problema do estresse não é a situação em si, mas a resposta que se dá a ela. Na medida certa, o estresse nos mobiliza, nos energiza, nos ajuda a concentrar todas as nossas forças para melhorar o desempenho.

O prejudicial é quando o estresse se prolonga demais, sem pausas para recuperação, ou vem junto de reações negativas de nossa parte, com frases do tipo "Ai, que droga" ou "Não aguento mais isso". Nesses casos, as glândulas suprarrenais começam a secretar o hormônio cortisol em excesso, o que suprime o sistema imunológico, inibindo as células de defesa do organismo. Para se ter uma ideia, às vezes, pessoas irritadas e agressivas secretam até 40 vezes mais cortisol do que o normal, tendo uma probabilidade cinco vezes maior de morrer antes dos 50 anos. Como afirma o cardiologista americano Redford Williams: "**Raiva** mata".

A raiva é danosa para todo mundo, porém ela é ainda mais danosa para o homem que a sente. (Sócrates, filósofo grego)

QUE TIPO DE PROBLEMAS ESSA DESCARGA EXCESSIVA DE HORMÔNIOS COMO O CORTISOL PODE TRAZER?

Em longo prazo, a secreção excessiva do cortisol pode matar até 25% dos neurônios do hipocampo, a região do cérebro responsável pela memória e pelo aprendizado. É por isso que, quando estamos muito estressados, ficamos confusos, distraídos, esquecidos. Boa parte da perda de memória que, normalmente, as pessoas relacionam ao envelhecimento, na verdade, pode ser causada pelo banho tóxico do cortisol no cérebro. Além disso, o estresse é capaz de afetar até a altura dos nossos filhos. Segundo estudos da Faculdade de Medicina da Universidade de Londres, conflitos familiares podem provocar a hipersecreção de cortisol, o que, por sua vez, inibe a produção do hormônio do crescimento. Ou seja, além de prejudicar o processo de aprendizado, pelos danos causados ao hipocampo, o estresse também compromete o crescimento físico das crianças.

AGORA, LEMBRANDO O DITADO POPULAR "O QUE NÃO MATA ENGORDA", QUE QUALIDADES É PRECISO DESENVOLVER PARA LIDAR POSITIVAMENTE COM AS SITUAÇÕES DE ESTRESSE?

O truque é saber "esfriar a cabeça", "dar um tempo", o que é possível mesmo em meio às situações mais estressantes de nossa vida. Todos necessitamos de um tempo para nos restaurar dos eventos de estresse. E uma das maneiras mais eficazes para isso é esta: simplesmente fazer uma pausa para **respirar** profundamente, várias vezes, pelo diafragma. Isso baixa o nível dos hormônios do estresse e acalma o organismo na hora.

Vou respirar a brisa das falésias; pois meus pulmões, parcialmente sufocados, pedem a gritos um espetáculo mais tranquilo e virtuoso que este que me ofereces! (Trecho de *Os Cantos de Maldoror*, do Conde de Lautreámont, pseudônimo do poeta Isidore Ducasse)

Em relação às qualidades que precisamos desenvolver, vários estudos mostram que as pessoas mais resistentes ao estresse são aquelas que têm duas posturas básicas diante da vida: primeiro, elas enxergam as dificuldades como desafios, e não como ameaças; segundo, elas sempre abordam as situações com uma atitude otimista, direcionando os pensamentos para o lado positivo. E aqui entra de novo a respiração: só o fato de fazer uma pausa para respirar profundamente e relaxar já nos ajuda a acessar esse centro de intenção positiva dentro de nós.

O QUE MAIS PODEMOS FAZER PARA AUXILIAR NESSE PROCESSO?

A biopsicologia se baseia nas pesquisas da "medicina corpo-mente", que estuda a conexão entre a psicologia e a biologia. Essas pesquisas demonstram que as emoções têm um poderoso efeito na nossa saúde. A cada mudança de humor, uma cachoeira de "moléculas de emoção" – hormônios e neurotransmissores – flui através do nosso corpo, afetando todas as células. Como já vimos, reações negativas como ansiedade e hostilidade mobilizam a produção de cortisol, que, por sua vez, prejudica o corpo e a mente. Mais que uma metáfora, quando estamos deprimidos, nossa pele está triste, nosso fígado está triste, nossos rins estão **tristes**.

Belezas são coisas acesas por dentro Tristezas são belezas apagadas pelo sofrimento. (Trecho da música *Lágrimas Negras*, do escritor, cantor e compositor Jorge Mautner)

Mas, do mesmo modo que as emoções negativas produzem uma sopa bioquímica tóxica, as positivas ativam um coquetel de hormônios e neurotransmissores benéficos para a saúde. O corpo e a mente são como vias de mão dupla, um afetando o outro. Por isso, se quisermos mudar nosso estado de espírito, precisamos atuar no corpo. Na biopsicologia, há várias técnicas para otimizar a secreção hormonal e, assim, equilibrar as emoções e controlar o estresse.

QUE TÉCNICAS SÃO ESSAS?

Um dos pilares da biopsicologia é o que chamamos de "*spa* em casa". Trata-se de uma série de práticas, que tomam apenas 15 minutos por dia, mas funcionam como antídotos poderosos contra o estresse. A pessoa pode fazer na hora que achar melhor. Dentre essas técnicas, existem posturas físicas que tonificam as glândulas suprarrenais, e também a respiração profunda e lenta pelo diafragma. Outra técnica simples é a automassagem; ninguém imagina, mas massagear a si mesmo, por alguns minutos, pode ser tão eficaz quanto ir a um massagista. Além disso, indicamos um período de meditação e relaxamento profundo, acompanhados por visualizações. Tudo isso estimula o que chamamos de "resposta de relaxamento", que é exatamente o oposto do estresse.

Quando se corre muito, há que se parar e esperar pela alma. (Ditado guarani)

Precisamos criar essas ilhas de pausa e tranquilidade em meio ao mar turbulento da vida moderna, com toda a sua **correria**. Necessitamos de um tempo para nos restaurar, permitindo que o sistema nervoso repare o corpo e a mente após cada esforço estressante. Com apenas 15 minutos por dia, esses simples exercícios nos ajudam não só a gerenciar o nosso estresse, mas também a fazer com que ele trabalhe a nosso favor. Assim, em vez de um gasto emocional e físico, o estresse se transforma em uma oportunidade positiva. Uma oportunidade para redefinir nossas vidas de forma mais sábia, para perceber, no fundo do coração, que "o universo conspira a nosso favor".

E EM RELAÇÃO ÀS PESSOAS À NOSSA VOLTA, ALGUMA RECOMENDAÇÃO?

O essencial é buscar sempre manter uma atitude positiva. Por exemplo, você pode colocar em prática algo que um estudo feito por uma seguradora americana comprovou: quando a esposa beija seu marido antes que ele saia de casa para o trabalho, a expectativa de vida dele aumenta cinco anos; e a da mulher também. Isso mostra que nossa própria sobrevivência depende do poder curativo do amor, de uma atitude que nos coloque em estado de igualdade e respeito com o outro. Na verdade, a maior parte do estresse que sentimos não vem de ameaças à nossa vida, mas ao nosso ego, à nossa autoimportância. Há duas regras para lidar com o estresse. Regra número 1: não se preocupar com ninharias. Regra número 2: tudo é ninharia.

POIS É, E O PIOR É QUE ESSA AUTOIMPORTÂNCIA TODA, MUITAS VEZES, ACABA SE REFLETINDO NUMA CARGA DE EXIGÊNCIAS ENORME EM RELAÇÃO AOS OUTROS TAMBÉM. NESSE SENTIDO, COMO DESENVOLVER A EMPATIA? COMO ABRIR, DE FATO, O CORAÇÃO?

A única resposta é esta: praticando. A prática da compaixão e da empatia, que é a habilidade de eu me identificar com o outro, é um dos meios mais eficazes para alcançar saúde, harmonia e compreensão mútua. Aliás, amor e empatia têm papel fundamental não apenas em relação à nossa saúde, mas também em relação ao nosso sucesso profissional. Como mostrou o psicólogo americano Daniel Goleman, 80% das pessoas que fracassaram em suas carreiras o fizeram por causa de sua inabilidade de se relacionar bem com os outros. Ou seja, o fruto de nosso trabalho não é apenas uma questão de habilidade técnica, mas, sobretudo, de espírito.

Isso mostra a profunda ligação existente entre o nosso mundo interior e o mundo exterior. A esfera material é o nosso campo de evolução no planeta. Assim, da mesma forma que precisamos nos voltar para dentro de nós para sermos mais felizes, temos que trabalhar no **mundo** exterior, de modo a criar uma sociedade mais solidária, mais humana e em harmonia com a natureza.

Não se pergunte sobre o que o mundo precisa. Se pergunte sobre o que o faz sentir-se vivo, e vá fazer isso. Porque o que o mundo precisa é de pessoas que se sintam vivas. (Howard Thurman, escritor e teólogo americano defensor dos direitos civis)

OU SEJA, CUIDO DE MEU INTERIOR, MAS TAMBÉM PRESTO ATENÇÃO ÀS DEMANDAS DO EXTERIOR, DO MUNDO MATERIAL – É ESSE ENTÃO O CAMINHO?

Sem dúvida. A verdadeira epidemia que se alastra em nossa sociedade não é apenas o estresse, mas, sobretudo, o que alguns médicos chamam de "doença cardíaca de fundo emocional e espiritual": a profunda sensação de solidão, isolamento e alienação que prevalece atualmente. Por muito tempo, a principal via para a realização espiritual era a pessoa afastar-se da sociedade, se isolando nas montanhas ou em monastérios para buscar a própria iluminação. Mas hoje o caminho deve ser outro.

Nossos "demônios" não são apenas as nossas sombras internas, nossas emoções e nossos pensamentos negativos, mas também as forças externas da violência, da indiferença, da injustiça e da exploração, que degradam tudo o que há de humano em nós. O desafio hoje é este: além de buscar a união de nosso ego individual com o Divino, precisamos unir nossas mentes numa harmonia coletiva em prol do bem-estar de toda a criação. A verdadeira prática espiritual começa quando abrimos o coração ao próximo e, por meio da compaixão, aceitamos cada pessoa como de fato ela é, com todas as suas imperfeições. Assim podemos favorecer a evolução de todos.

ESSE BEM-ESTAR DE TODA A CRIAÇÃO, ALIÁS, REMETE À PRÓPRIA ESSÊNCIA DO CONCEITO DE FELICIDADE INTERNA BRUTA (FIB), DEFENDIDO PELA SENHORA. AFINAL, O QUE É O FIB E QUAL A IMPORTÂNCIA DELE PARA UM PAÍS COMO O BRASIL?

Indo além dos parâmetros econômicos do PIB, o conceito de Felicidade Interna Bruta (FIB) se propõe a ser um novo sistema para avaliar o índice de desenvolvimento de uma nação. O FIB foi elaborado com o apoio da ONU e mede o bem-estar de um povo através da análise de nove dimensões da vida: desenvolvimento econômico; boa governança; educação; saúde; resiliência ecológica; diversidade cultural; uso equilibrado do tempo; vitalidade comunitária; bem-estar psicológico e espiritual. Está provado que essas dimensões estão intimamente relacionadas à felicidade. Basta ver o que ocorreu com os EUA. Nos últimos 50 anos, o PIB americano triplicou. Porém, no mesmo período, o número de divórcios duplicou, o de suicídios entre adolescentes triplicou e o de crimes violentos quadruplicou. Ou seja, mesmo com o ganho dramático de bens materiais, os americanos perderam algo muito mais precioso: seu sentido de comunidade. Exatamente o que as pesquisas psicológicas constatam ser a verdadeira fonte de felicidade: laços harmoniosos e **amorosos** entre as pessoas.

O mais rápido e eficiente meio para promover a satisfação e a prosperidade de um povo é enviar ondas de pensamentos de amor a todas as criaturas. (Herbert Spencer, filósofo inglês)

E a pergunta para o Brasil, que está se firmando como uma potência mundial, é esta: será que devemos perseguir esse "sonho americano", que já se tornou um pesadelo? Será que o Brasil, famoso no mundo inteiro por sua vitalidade comunitária, por seu calor humano, também vai perder sua riqueza humana como os EUA? Ou será que vamos optar por um caminho de desenvolvimento holístico e integrado, trazendo um novo modelo para o planeta? A hora para decidir isso é agora.

MELHOR DE TRÊS

O FILÓSOFO FRIEDRICH NIETZSCHE DIZIA QUE UMA ESPÉCIE DE ORAÇÃO DE CADA PESSOA AO INICIAR O DIA DEVERIA SER UM PENSAMENTO DO TIPO "HOJE VOU DAR ALEGRIA A ALGUÉM". EM SUA OPINIÃO, QUAL DEVE SER A ORAÇÃO DE CADA PESSOA PARA COMEÇAR O DIA?

Como disse o místico alemão Meister Eckhart: "Se a única oração que você fizer durante toda sua vida for 'Obrigado', isso já será o bastante".

O QUE É UMA PESSOA VIRTUOSA?

Uma pessoa virtuosa é aquela que busca eliminar as causas da violência em si mesma. É aquela que sabe que, para concretizar uma autêntica ética da paz, deve estabelecer contato internamente com as qualidades mais valiosas do ser humano: tolerância, perdão, empatia, amor e compaixão.

ATÉ HOJE, QUAL FOI O SEU MAIOR APRENDIZADO NA VIDA?

Foi compreender que a maior meta de minha vida é me entregar a uma Força Maior e permitir que essa Força atue através de mim.

MESA-REDONDA

Ian Mecler pergunta:

"GOSTARIA DE SABER SE REALMENTE É POSSÍVEL HAVER UM SISTEMA PARA QUE O SER HUMANO SE TORNE UM SER MAIS FELIZ."

Sim, é possível. Nos últimos anos, um número cada vez maior de cientistas tem se esforçado para decifrar os segredos da felicidade. E uma nova disciplina vem sendo desenvolvida, chamada de a "ciência da hedônica". A palavra "hedônica" foi cunhada pelo psicólogo Daniel Kahneman, ganhador do Prêmio Nobel de Economia em 2002. Esse termo denota a pesquisa científica em relação às fontes da felicidade humana. De acordo com esses estudos, até um determinado nível de riqueza, o sucesso material de fato traz mais felicidade. Por exemplo, quando uma pessoa progride de um estado de absoluta pobreza até o atendimento de suas necessidades de sobrevivência, e desse nível de sobrevivência até uma vida confortável, e depois de uma vida confortável até certo grau de luxo, sua felicidade realmente aumenta. Contudo, após determinado ponto, mais bens materiais não trazem mais satisfação. O que importa a essa altura são os chamados "fatores não materiais", como companheirismo, famílias harmoniosas, relacionamentos amorosos e uma sensação de se viver uma vida significativa. Ou seja, nós, como seres humanos, temos fome não apenas por alimento para o corpo, mas também para a alma.

É possível – e não somente possível, mas imperativo, neste momento da nossa evolução – desenvolver sistemas sociais que proporcionem não só prosperidade para todos, mas a elevação do espírito. Esse é o grande desafio para a humanidade atual.

PARA SE CONHECER

Site:
www.visaofuturo.org.br
Livros:
Stress a Seu Favor, de Susan Andrews (Ágora)
A Ciência de Ser Feliz, de Susan Andrews (Ágora)

ROBERTO OTSU

A NATUREZA DA SABEDORIA

Certo dia, um rei chamou os sábios da corte e pediu: "Quero que elaborem uma frase que me seja útil e verdadeira em qualquer época ou situação. E deve ser uma frase curta, que eu possa levar sob a pedra de meu anel". Após uma longa discussão, os sábios finalmente chegaram à mensagem perfeita, que foi escrita num pedaço de papel e entregue ao rei. Havia apenas uma condição: ele só deveria ler a frase numa hora de extremo perigo, quando achasse não haver mais saída. O soberano agradeceu e colocou o pedacinho de papel sob a pedra do anel. Mas logo a hora de perigo chegou.

O reino foi invadido de surpresa, e o monarca teve que fugir a cavalo. Para piorar, na fuga, ele se deparou com um imenso precipício. Não havia saída, pois os inimigos já vinham em seu encalço. Aí, desesperado, ele se lembrou do anel – e leu a mensagem: "Isso também vai passar". E uma profunda paz caiu sobre o rei, tanto que ele demorou a notar que os perseguidores haviam perdido seu rastro. Então, ele guardou o papel no anel e reuniu seu exército, com o qual acabou derrotando o invasor. Na celebração da vitória, contudo, teria outra lição. Ele já estava todo orgulhoso, achando-se o rei dos reis, quando se lembrou de novo do anel. E leu a frase: "Isso também vai passar". E, nesse momento, sumiu o orgulho, restando, apenas, a paz que sentira antes.

Essa pequena – e valiosa – mensagem poderia tranquilamente ter sido escrita por Roberto Otsu, 58 anos, uma das principais referências brasileiras em taoísmo e nos estudos do *I Ching – O Livro das Mutações*, clássico chinês considerado uma das maiores obras da humanidade. Com formação em comunicação social e artes plásticas, Roberto Otsu atua há anos como palestrante, consultor e professor, tendo escrito dois livros inspirados na riqueza da sabedoria oriental. Um saber que, por sua vez, está intimamente ligado à própria sabedoria da natureza, da qual, segundo ele, temos várias lições a aprender. "As estações do ano, por exemplo, nos mostram que tudo está em mutação, que tudo é transitório. Mas também ensinam que as coisas acontecem em ciclos, que há um movimento maior por trás da transitoriedade", diz. "A pessoa sábia é aquela que acompanha as leis da natureza, que se alinha com esse movimento maior da vida."

COMEÇANDO NOSSO MERGULHO NA NATUREZA, NO LIVRO *A ÁGUA E OS SONHOS*, O FILÓSOFO FRANCÊS GASTON BACHELARD DIZ QUE A "ÁGUA É OBJETO DE UMA DAS MAIORES VALORIZAÇÕES DO PENSAMENTO HUMANO: A VALORIZAÇÃO DA

PUREZA", COMPLETANDO QUE "TAL É O DESTINO HUMANO QUE EXTRAI SUA IMAGEM DO DESTINO DAS ÁGUAS". AFINAL, QUE LIÇÕES NÓS TEMOS A APRENDER COM A ÁGUA?

Para os sábios chineses, a água é uma das grandes mestras da natureza, se não a maior delas. Por exemplo, ela sempre opta pelo caminho mais fácil, da menor resistência, do menor esforço. Se a água encontra um obstáculo, não fica batendo cabeça, obstinadamente, lutando contra a situação. Ela contorna o obstáculo e segue por onde for mais fácil. Assim, se algo não está fluindo naturalmente em nossa vida, se exige um esforço excessivo de nossa parte, se temos muita resistência, é um sinal de que, talvez, não estejamos no caminho certo. No trabalho, isso fica claro. Quando a pessoa gosta do que faz, não precisa se esforçar tanto, pois é algo com que tem afinidade. O caminho mais fácil é este: o da afinidade. Isso não quer dizer, claro, que seja o caminho da ausência de esforço, pelo contrário. Tudo exige esforço, mas na medida certa.

OU SEJA, APESAR DE O DITADO DIZER QUE "ÁGUA MOLE EM PEDRA DURA TANTO BATE ATÉ QUE FURA", A PRIMEIRA OPÇÃO DA ÁGUA SEMPRE É SEGUIR FLUINDO?

Exatamente, a água sempre flui, nunca interrompe seu caminho, mesmo se cair num buraco. E aqui temos outra lição: quando a água cai num fosso, não fica desesperada, gritando, ela simplesmente se acumula até encontrar a borda mais baixa. Ela vai se acumulando, pacientemente, até elevar seu nível e achar a borda mais baixa, por onde segue seu rumo. Essa seria a postura adotada por uma pessoa sábia na vida. Ao se deparar com uma situação de adversidade – que seria o fosso –, a pessoa sábia vai se acumulando, ou seja, vai se interiorizando, volta-se para dentro. Com isso, ela eleva seu nível de consciência até que, naturalmente, acha a saída mais fácil para a situação.

E QUAL SERIA A LIÇÃO ENSINADA PELO OCEANO, A GRANDE MASSA DE ÁGUA DO PLANETA?

A resposta é simples: humildade. O oceano só é a maior massa de água do planeta porque ocupa a posição mais baixa. Daí, os chineses concluíram: só é grande aquele que é humilde, aquele que, voluntariamente, se coloca numa posição mais baixa. E isso não tem nada a ver com subserviência, com humilhar-se, mas, sim, com um símbolo de modéstia, da vontade de servir. Para os taoístas, há dois tipos de governantes: o tirano e o estadista. O tirano quer subjugar, ficar por cima da população; o estadista, por sua vez, é aquele que se coloca a serviço do povo, é aquele cuja missão é **servir**. No fundo, esta é a missão de toda pessoa, não importa sua atividade: servir para o benefício do próximo, com humildade. Este é um ensinamento importantíssimo que veio do mar: a **grandeza** da modéstia.

O homem que deve comandar precisa, primeiro, aprender a servir. (Trecho do hexagrama *Seguir*, no *I Ching*)

A verdadeira grandeza consiste na harmonia com o bem. (Trecho do hexagrama *O Poder do Grande*, no *I Ching*)

ALIÁS, NO *I CHING*, O HEXAGRAMA CHAMADO *MODÉSTIA* TEM UMA FRASE QUE DIZ: "O HOMEM SUPERIOR DIMINUI O QUE É DEMASIADO E AUMENTA O QUE É INSUFICIENTE". VOCÊ PODE FALAR SOBRE ISSO?

No taoísmo, o principal é o equilíbrio. Nós temos o *yin*, que representa o aspecto feminino, e temos o *yang*, que representa o aspecto masculino. A perfeita dinâmica das coisas só ocorre quando esses dois princípios estão em harmonia. Em relação ao trabalho, por exemplo, *yang* é atividade, *yin* é repouso. Se a pessoa trabalha demais, é sinal de que há um excesso de *yang*. Se ela só dorme, não se dedica, é indício de que está sendo *yin* demais. O correto é buscar o equilíbrio: trabalhar quando tiver que trabalhar e descansar quando tiver que descansar. É o que faz o homem superior, ele busca manter a relação correta entre *yin* e *yang*, feminino e masculino, repouso e atividade, etc.

ISSO ME LEMBRA DO QUE DIZ OUTRO TEXTO DO *I CHING*, QUE USA A IMAGEM DE UMA CHALEIRA COM ÁGUA SOBRE O FOGO PARA FALAR DA IMPORTÂNCIA DE SE MANTER O EQUILÍBRIO, ENSINANDO QUE O "HOMEM SUPERIOR REFLETE SOBRE O INFORTÚNIO E PREVINE-SE ANTECIPADAMENTE CONTRA ELE". COMO É ISSO?

Essa imagem da chaleira com água sobre o fogo é bem interessante. Se os dois elementos, fogo e água, estão em equilíbrio, há produção de energia. Porém, é preciso atenção, pois, se o fogo for pequeno, não esquenta a água, mas, se for grande demais, ela evapora. No taoísmo, existe o conceito do "meio do caminho". É diferente do "caminho do meio" do budismo, mas, no fundo, trata da mesma coisa. Buscar o meio do caminho significa que você evita ir além do ponto necessário, ou além do ponto correto. Claro que pode haver um pico ou outro; ou uma queda, ou outra. Mas o saudável é permanecer nessa faixa ideal, quando, por exemplo, nem se trabalha, nem se dorme demais. Esse é o caminho do **homem superior**.

Em suas palavras o homem superior possui conteúdo, e, em seu modo de vida, ele possui duração. (Trecho do hexagrama *A Família*, no *I Ching*)

RETOMANDO AS LIÇÕES DA NATUREZA, VOCÊ DIZ QUE O BAMBU TAMBÉM SERIA UM GRANDE MESTRE. O QUE ELE NOS ENSINA?

A evolução da semente de bambu é tão curiosa que, para os orientais, se tornou uma lição de sabedoria. Na terra, a semente germina e, após um tempo, surge um broto. Mas esse broto logo para de crescer, ficando por anos escondido sob o solo. Enquanto isso, as raízes vão crescendo, se espalhando e se aprofundando. Só depois de cinco anos, quando as raízes já estão com dezenas de metros, é que o broto começa a sair da terra. Aí, ele cresce vertiginosamente e, em poucas semanas, atinge 25 metros de altura!

Ou seja, o bambu nos ensina que, na vida, antes de qualquer coisa, o mais importante é o desenvolvimento interior, é formar raízes, criar alicerces internamente. Aí sim você tem bases sólidas para crescer. Por exemplo, plantas de pântano crescem rapidamente, mas qualquer um as arranca, é fácil. Agora, não dá para arrancar um bambu, ele é muito firme. Tanto que, durante terremotos na China ou no Japão, as pessoas se refugiam em bambuzais, pois, por causa das raízes espalhadas, a terra é tão firme que não se abre. Assim, para eu me desenvolver com firmeza, é preciso, antes, me enraizar, me desenvolver internamente. Como o **bambu**.

Aprende do pinheiro diretamente do pinheiro; do bambu diretamente do bambu. (Matsuo Bashô, poeta japonês)

BOM, MAS AÍ ENTRA A NOSSA IMPACIÊNCIA, DE QUERER VER LOGO O RESULTADO DAS COISAS...

Sim, muitas vezes, ficamos ansiosos, querendo que as coisas aconteçam, que nosso trabalho deslanche rapidamente. O problema é que, por conta dessa impaciência, sacrificamos a parte mais importante do processo, que é a construção das bases. Se queremos realizar algo, é preciso ter paciência. Aliás, para os chineses, a paciência é essencial, mas nem chega a ser uma qualidade em si. Ela seria apenas uma consequência de algo muito maior, que é a confiança.

Sabedoria é ter confiança, confiar que existe um tempo certo para tudo, que as coisas acontecem como têm que acontecer, confiar que, por trás de tudo, existe um movimento superior. É uma grande arrogância achar que estamos no controle da existência. Eu não *me* nasci, eu não *me* cresci, eu não *me* envelheço e eu não *me* morro. Na verdade, a vida não me pertence, eu pertenço à vida. É vital ter esta consciência de que existe algo maior, que rege nossa existência. E essa coisa maior – que se pode chamar de **Deus**, inteligência cósmica, universo, não importa o nome –, esse algo maior só quer duas coisas: evolução e equilíbrio. E o que eu tenho que fazer? Apenas me alinhar com isso, que as coisas se realizam naturalmente. A pessoa sábia é aquela que acompanha as leis da natureza, que se alinha com esse movimento maior da vida.

Não te desvies.
A masmorra
é escura,
A firme trama é de
incessante ferro,
Mas em algum
recanto de
tua prisão
Pode haver
uma luz,
uma rachadura.
O caminho é fatal
como a flecha,
Mas nas frestas
está Deus,
que espreita.
(Trecho do poema *Para uma Versão do I Ching*, do argentino Jorge Luis Borges)

EU IMAGINO QUE ESSE ALINHAMENTO COM A NATUREZA SE DÊ POR MEIO DA PRESENÇA, DA ATENÇÃO CONSTANTE, NÃO É? O *I CHING* ATÉ USA A HISTÓRIA DE UMA RAPOSA QUE CRUZA O GELO PARA FALAR DA NECESSIDADE DE SE TER ATENÇÃO ATÉ O ÚLTIMO INSTANTE: "SE A PEQUENA RAPOSA, QUASE AO COMPLETAR A TRAVESSIA, DEIXA SUA CAUDA CAIR NA ÁGUA, NADA SERÁ FAVORÁVEL". É POR AÍ?

Sem dúvida, o alinhamento é um estado de presença que devo ter em qualquer ação, do começo ao fim. É claro que a atenção no durante é essencial, mas há dois momentos cruciais em qualquer projeto: o início e o fim. No começo, por exemplo, é vital se perguntar: "Qual é a minha intenção ao fazer esse ato?". Com isso, posso avaliar se essa ação é válida ou não. No fim, por sua vez, é quando, por cansaço ou ansiedade, frequentemente nós nos descuidamos. É quando entra o alerta da parábola da raposa no *I Ching*.

Ao cruzar um lago congelado, a raposa experiente está sempre alerta, caminhando cautelosamente para perceber o menor estalo de gelo se partindo, até chegar segura à outra margem. Já a raposa jovem, inexperiente, pode ficar afoita no final da travessia e, por um descuido, mergulhar a cauda na água, arruinando todo o esforço feito até ali. Para concluir qualquer coisa com sucesso, precisamos de atenção e determinação até o último instante. Sobretudo, no início e no fim. Na aviação é isso. Quais são os momentos cruciais de um voo? A decolagem e a aterrissagem, o fim e o começo.

EM RELAÇÃO AO COMEÇO DAS COISAS, CONFÚCIO DIZ QUE "CONHECER AS SEMENTES É SEM DÚVIDA UMA FACULDADE DIVINA. (...) AS SEMENTES SÃO OS PRIMÓRDIOS AINDA IMPERCEPTÍVEIS DO MOVIMENTO, O PRIMEIRO SINAL DE BOA FORTUNA (OU DE INFORTÚNIO)". OU SEJA, COMPLETANDO O DITO DE JESUS, DE QUE "CONHECE-SE A ÁRVORE PELOS FRUTOS", PODEMOS DIZER QUE SE DESCOBRE A ÁRVORE PELA SEMENTE, O RESULTADO PELA INTENÇÃO?

Semente significa justamente isto: intenção. Não dá para ter uma árvore sem semente, assim como não dá para realizar algo sem intenção. Por isso, quanto mais consciência tivermos acerca de nossa intenção, melhor, pois vamos escolher a semente boa, correta, saudável. Feito isso, todo o nosso modo de vida será correto. Pois o processo é este: a intenção leva a uma ação, a ação leva a um hábito, e o hábito leva a um modo de vida. Assim, para ter uma vida plena, é imprescindível ter clareza de quais são as nossas sementes, de quais são as nossas verdadeiras intenções, se são corretas ou não. Se minha vida está ótima, é porque tive boas intenções; se está insatisfatória, sem significado, é porque as **intenções** não foram boas.

Podemos fazer a seguinte pergunta para cada intenção: "De que maneira isso me será benéfico e favorecerá todos aqueles com quem entro em contato?". (Deepak Chopra, escritor indo-americano)

E QUAL SERIA O CAMINHO PARA TRANSFORMAR UM MODO DE VIDA INSATISFATÓRIO EM ALGO COM SIGNIFICADO?

O caminho da transformação é mudar, a partir de *agora*, a minha intenção. O que eu penso agora, o que eu falo agora, o que eu faço agora, é isso que cria o meu destino. O modo como vivo hoje é totalmente responsabilidade minha, fui eu que criei isso, não posso culpar ninguém pelo que me acontece. Daí se vê a importância do autoconhecimento, pois é por meio dele que posso descobrir quais são as minhas verdadeiras intenções e, mais que isso, descobrir quem realmente está por trás delas. São meus pais, imposições sociais, meu ego, ou é a minha essência? Se a intenção vem da minha essência, terá um resultado positivo. Um resultado que é reflexo daquilo que falamos antes: do alinhamento com o movimento maior da vida, da sintonia com as leis da natureza.

JÁ QUE VOLTAMOS A ESSAS LEIS MAIORES DA NATUREZA, GOSTARIA DE TRAZER ALGO QUE DIZ O CHINÊS LAO-TSÉ, NO CLÁSSICO *TAO-TE CHING*: "POUPEM AS PALAVRAS,/ E TUDO ANDARÁ POR SI MESMO./ UM CICLONE NÃO DURA A MANHÃ INTEIRA./ UM AGUACEIRO NÃO DURA TODO UM DIA./ E QUEM OS PRODUZ?/ O CÉU E A TERRA./ SE O CÉU E A TERRA NADA PODEM FAZER DE DURÁVEL,/ MUITO MENOS O PODE O HOMEM!". GRANDE AULA SOBRE A TRANSITORIEDADE, NÃO É?

Sem dúvida, como diz a sabedoria popular: "Não há bem que sempre dure, nem mal que nunca acabe". A vida é assim, tudo passa. As próprias estações do ano mostram que tudo está em constante mutação, que tudo é transitório. Mas as estações também ensinam algo importante: que as coisas **sempre** acontecem em ciclos, que há um movimento maior por trás da transitoriedade. Isto é algo essencial: aprender a perceber a vida numa perspectiva maior.

Sempre a primavera, nunca as mesmas flores. (Ditado chinês)

Há uma frase fantástica de para-choque de caminhão, que diz: "Os anos ensinam coisas que os dias desconhecem". Ou seja, não adianta ficar olhando os dias, o que é pequeno, transitório. Para compreender a vida, é preciso olhar os anos, os grandes ciclos. Por exemplo, se eu pegar um livro e puser no meu nariz, não enxergo mais nada. Mas, se afasto o livro, consigo enxergá-lo na sua perspectiva real. Precisamos fazer esse distanciamento, olhar sempre para o todo, e não só para este ou aquele aspecto da vida.

SEJA ESSE ASPECTO ALGO BOM, SEJA ALGO RUIM, NÃO É? PERGUNTO ISSO POIS, EM GERAL, TEMOS

A TENDÊNCIA DE FICAR SÓ OLHANDO PARA AS COISAS RUINS, QUERENDO QUE ELAS PASSEM, OU SÓ PARA AS COISAS BOAS, DESEJANDO QUE ELAS NUNCA ACABEM...

A vida vai muito além do que rotulamos como bom ou ruim. Há uma história que ilustra isso bem. Certo dia, um velho mestre descobre que seu único cavalo desapareceu. E os vizinhos falam: "Que coisa ruim". O sábio, então, diz: "É ruim, mas também é uma coisa boa". Os vizinhos não entendem o que poderia haver de bom naquilo. Só que, dias depois, o animal volta, trazendo junto um cavalo selvagem que o acompanhou pelo caminho. E vêm os vizinhos: "Que coisa boa, você agora tem dois cavalos". O velho responde: "É bom, mas também é uma coisa ruim". De novo, ninguém entende. Passa mais um tempo, o filho do velho tenta domar o cavalo selvagem, mas é derrubado e quebra a perna. Vêm os vizinhos: "Que coisa ruim". E o sábio: "É ruim, mas também é uma coisa boa". Dessa vez, o povo fica indignado, chamando o velho de insensível, etc. Acontece que, logo depois, estoura um conflito na região, e todos os jovens são convocados para a guerra, com exceção dos deficientes e dos feridos. Aí chegam os vizinhos: "Que coisa boa, seu filho não vai para a guerra". Ao que o mestre responde: "É bom, mas também é uma coisa ruim". Essa história não tem fim.

Na verdade, não há uma coisa exclusiva que se chame causa, nem uma coisa isolada que se chame efeito. Tudo é causa de algo, tudo é efeito de algo. O problema é quando se olha apenas para um aspecto da realidade. Daí, a coisa vai ser boa ou vai ser ruim mesmo. Mas, quando se vê o quadro maior, quebrar a perna é só quebrar a perna, perder o cavalo é só perder o cavalo. Não é bom, não é ruim, apenas é. A sabedoria está em ver o contexto maior da vida, percebendo que, na realidade, nada é isto ou é aquilo; tudo é processo. Qualquer evento é parte de um processo natural, que está em constante mutação, para a minha evolução e o meu equilíbrio. É assim que o **sábio** vê a vida, e é assim que também podemos ver.

Era uma vez um sábio chinês
Que um dia sonhou que era uma borboleta
Voando nos campos, pousando nas flores
Vivendo assim um lindo sonho
Até que um dia acordou
E pro resto da vida
Uma dúvida lhe acompanhou:
Se ele era um sábio chinês
Que sonhou que era uma borboleta
Ou se era uma borboleta
Sonhando que era um sábio chinês
(*O Conto do Sábio Chinês*, música de Raul Seixas)

MELHOR DE TRÊS

O FILÓSOFO FRIEDRICH NIETZSCHE DIZIA QUE UMA ESPÉCIE DE ORAÇÃO DE CADA PESSOA AO INICIAR O DIA DEVERIA SER UM PENSAMENTO DO TIPO "HOJE VOU DAR ALEGRIA A ALGUÉM". EM SUA OPINIÃO, QUAL DEVE SER A ORAÇÃO DE CADA PESSOA PARA COMEÇAR O DIA?

Sinto que a melhor forma de começar o dia é despertando a lembrança de que somos todos iguais, que vivemos num "uni-verso", que somos uma única realidade. Como disse o cientista americano Carl Sagan: "Somos todos feitos do mesmo pó de estrelas". Essa consciência de que estamos no mesmo barco nos traz um sentimento de compaixão, de amorosidade, de reverência com tudo o que nos cerca. Quando entro em contato com o sagrado, tudo é sagrado. A faxineira que trabalha em casa é sagrada. A água que eu bebo é sagrada. O trabalho que eu faço é sagrado. Com essa sacralidade, com essa reverência, podemos começar um dia digno de ser vivido.

O QUE É UMA PESSOA VIRTUOSA?

Uma pessoa virtuosa é aquela que não busca ter virtudes. Por exemplo, se eu disser para alguém "Seja espontâneo", na hora ele vai deixar de ser espontâneo. A mesma coisa se eu disser: "Seja virtuoso". Como se diz no budismo, a natureza humana já é perfeição. Dentro de nós já há um Buda, já há uma luz, só que essa luz está coberta de pó, que são os nossos desejos, apegos, etc. O que se deve fazer é passar um pano, soprar, "des-cobrir" essa luz que existe em nós. Somos apenas um canal para a manifestação da virtude.

ATÉ HOJE, QUAL FOI O SEU MAIOR APRENDIZADO NA VIDA?

Acredito que tenha sido a consciência de que eu sou um mero instrumento, um simples canal para a manifestação da vida. Reconhecer que não sou eu que faço as coisas, mas que elas acontecem *através* de mim, da mesma forma que acontecem através das plantas, através da água, através dos animais. Somos todos veículos da manifestação da vida.

MESA-REDONDA

Artur Andrés pergunta:

"NO TAOÍSMO – COMO SE VÊ NO PRÓPRIO SÍMBOLO DO CÍRCULO COM AS METADES BRANCA E PRETA, COM UM PONTO DE COR OPOSTA NO INTERIOR –, A DINÂMICA DA VIDA APARECE COMO SENDO FRUTO DA INTERAÇÃO ENTRE DUAS

FORÇAS: *YIN* E *YANG*. JÁ O MÍSTICO G. I. GURDJIEFF FALAVA MUITO SOBRE A EXISTÊNCIA DE TRÊS FORÇAS: A SANTA AFIRMAÇÃO, A SANTA NEGAÇÃO E A SANTA CONCILIAÇÃO. COMO VOCÊ ENXERGA ESSA QUESTÃO DAS TRÊS FORÇAS?"

No símbolo taoísta do *yin-yang*, os pontos de cores opostas que ficam nas áreas maiores indicam que, potencialmente, em cada face da realidade já existe a semente de seu oposto. Nada é apenas *yang* nem apenas *yin*. Mesmo quando o sol está a pino, ao meio-dia (*yang*), ainda há sombra (*yin*). No ponto mais escuro da noite (*yin*) ainda há a luz da lua e das estrelas (*yang*). Na passagem da noite para o dia, temos a aurora; do dia para a noite, o crepúsculo. Aurora e crepúsculo representam o meio-termo, o momento intermediário em que não é dia nem noite. É esse meio-termo que se aproxima da ideia das três forças defendida por G. I. Gurdjieff, assim como pelo filósofo alemão Georg W. F. Hegel – enquanto Hegel fala de tese, antítese e síntese, Gurdjieff fala de afirmação, negação e conciliação. A síntese de Hegel e a conciliação de Gurdjieff correspondem a esse terceiro elemento (ou meio-termo), que nasce da interação entre os dois polos complementares da mesma dinâmica.

Na visão taoísta, contudo, essa terceira força (síntese ou conciliação) não é vista como o fim do processo, mas apenas como mais uma etapa no constante processo de mutação da vida. No taoísmo, tudo é resultado do encontro do *yin* com o *yang*. E esse resultado, não importa qual seja, sempre dará origem a seu oposto, assim como o dia dá origem à noite e vice-versa. Temporariamente, esse resultado pode até ser chamado de síntese (conciliação). Mas a dinâmica da existência faz com que a própria síntese (conciliação) que se estabeleceu dê origem a uma nova situação, que passa a se chamar tese (afirmação). Em seguida, da nova tese (afirmação), surge outra força oposta e complementar, sua antítese (negação). Desse encontro, então, resultará uma nova síntese (conciliação). E assim se seguirá eternamente, com toda a vida em incessante mutação.

PARA SE CONHECER

Site:
www.robertootsu.com
Livros:
A Sabedoria da Natureza, de Roberto Otsu (Ágora)
O Caminho Sábio, de Roberto Otsu (Ágora)

LEONARDO BOFF

A SOLIDÁRIA HUMANIDADE DA TERRA

Em uma fábula que nos chega do Oriente, um venerável sábio foi conduzido às esferas do mundo invisível para conhecer como eram o céu e o inferno. Primeiro, ele foi levado ao inferno, um salão suntuoso, em que as pessoas sentavam-se em volta de uma mesa enorme, com toda sorte de alimentos deliciosos. Mas o clima entre os convivas era de desespero, pois, para comer, tinham que usar pauzinhos muito compridos; assim, embora estivessem famintos, não conseguiam levar a comida à boca. O mestre, então, foi conduzido ao céu, onde viu um cenário praticamente idêntico: o mesmo salão, com pessoas em torno de uma grande mesa repleta de comida, e todas com pauzinhos compridos na mão. Porém, o clima por lá era de alegria e satisfação. E o sábio oriental viu a razão: no céu, uns colocavam comida na boca dos outros.

O mesmo espírito de comunhão que, há décadas, é o fio condutor do trabalho do teólogo e escritor Leonardo Boff. Doutor em teologia e filosofia pela Universidade de Munique, na Alemanha, ele é considerado uma das principais vozes no campo da ética, da ecologia e da espiritualidade no Brasil. Ex-frei franciscano, renunciou às funções como sacerdote em 1992, em virtude das perseguições da Igreja, incomodada com suas ideias ligadas à Teologia da Libertação, movimento progressista católico do qual ele foi um dos mentores. O abandono do traje de monge, porém, não interrompeu sua intensa atuação em prol das causas sociais e dos direitos humanos – ele já recebeu várias premiações por suas ações humanitárias, como o Right Livelihood Award, espécie de Prêmio Nobel alternativo concedido a ele em 2001, em Estocolmo, na Suécia.

Aos 77 anos, Leonardo Boff já publicou mais de 60 livros, traduzidos para vários idiomas, sobre os mais variados temas. Ele hoje vive num sítio em Petrópolis (RJ), onde segue praticando os princípios de solidariedade humana e ecológica ensinados por São Francisco de Assis. Não à toa, nossa entrevista foi pautada pelas palavras de seu mentor – cada pergunta nasce de um trecho do *Cântico ao Irmão Sol* ou *Louvor às Criaturas*, de São Francisco. "Nós pertencemos à natureza. Juntos, formamos uma unidade", diz Boff. "Precisamos voltar ao espírito de São Francisco, que chamava a Terra de irmã e mãe e que a todos os seres dava o doce nome de irmãos e irmãs."

Altíssimo, onipotente e bom Senhor, a Ti subam os louvores, a glória, a honra e todas as bênçãos! A ti somente, Altíssimo, eles são devidos, e homem algum é sequer digno de dizer Teu nome.

HÁ DÉCADAS, O SENHOR TEM UM TRABALHO PROFUNDO DE LUTA PELOS DIREITOS HUMANOS, PELO RESGATE DA DIGNIDADE DO HOMEM EM TODOS OS SEUS ASPECTOS. DE QUE FORMA O COMPROMISSO PELA IMPLEMENTAÇÃO DE CONDIÇÕES SOCIAIS JUSTAS É UM PRÉ-REQUISITO PARA A VIVÊNCIA PLENA DA ESPIRITUALIDADE?

Somente uma visão espiritual do ser humano pode levar alguém a se empenhar pela vigência dos direitos humanos. A espiritualidade nos faz ver o outro como uma realidade sagrada e, por isso, intocável. Cada ser é um projeto infinito, que não pode ser enquadrado em nenhum sistema. O empenho pelos direitos humanos é o esforço de se criar as condições concretas pelas quais cada um de nós pode definir o sentido de sua vida e buscar os caminhos para a realização de seus sonhos e suas virtualidades.

Se nós respeitamos cada ser pelo seu próprio valor intrínseco, independentemente do uso que podemos fazer dele, esse respeito em si já é algo que vale muito para o ser complexo, portador de consciência e de espiritualidade, que é o ser humano. Se nós respeitamos todos os seres, não precisamos mais falar de amor, pois já o vivemos concretamente. São Francisco vivia esse respeito radical diante de toda e qualquer realidade, desde a lesma da estrada até as estrelas mais distantes. Por isso, seu amor era incondicional, dirigido a Deus, aos pobres e a cada uma das criaturas.

Louvado sejas, Senhor meu, junto com todas Tuas criaturas, especialmente o irmão Sol, que é o dia e nos dá a luz em Teu nome.

Pois ele é belo e radioso com grande esplendor; e de Ti, Altíssimo, carrega a significação.

O SENHOR COORDENOU A EDIÇÃO NO BRASIL DA OBRA COMPLETA DO PSICANALISTA SUÍÇO C. G. JUNG, UM DOS GRANDES ESTUDIOSOS DA ALMA HUMANA, EM TODA SUA SIMBOLOGIA E SIGNIFICAÇÃO PROFUNDAS. EM RELAÇÃO A ESSA ESFERA DA VIDA PSÍQUICA, O SENHOR JÁ DISSE: "HÁ EM NÓS INSTINTOS DE VIOLÊNCIA, VONTADE DE DOMINAÇÃO, ARQUÉTIPOS SOMBRIOS QUE NOS AFASTAM DA BENEVOLÊNCIA EM RELAÇÃO À VIDA. AÍ, DENTRO DA MENTE HUMANA, SE INICIAM OS MECANISMOS QUE NOS LEVAM A UMA GUERRA CONTRA A TERRA". O SENHOR PODE FALAR SOBRE ISSO?

O ser humano é, simultaneamente, "dia-bólico" e "sim-bólico", demente e sapiente. Essa é a sua marca. Ele, na verdade, é a convergência das contradições: tanto pode ser um anjo bom que protege e ama como pode ser o **satã** da Terra que destrói e mata. Esta é a nossa tragédia, sermos essa permanente contradição. Santo Agostinho formulou isso bem ao dizer que cada pessoa é, simultaneamente, Adão e Cristo – Adão pecador, capaz de todas as maldades, e, ao mesmo tempo, o Cristo, aberto a todas as bondades. O desafio humano não é recalcar a dimensão sombria, mas integrá-la na dimensão luminosa. Manter sob controle o "dia-bólico" em nós, para que ele não invada a consciência e marque o rumo de nossa vida.

Se não viste o diabo, olha para o teu próprio eu. (Jalal ud-Din Rumi, poeta e místico sufi)

Nisso, C. G. Jung foi um mestre que nos apontou os caminhos para o que ele chama de processo de individuação. O importante é fazer um projeto fundamental orientado para o bem e, ao mesmo tempo, saber suportar pacientemente o mal que em nós ainda se manifesta. São Francisco também entendeu essa contradição, sem negar nenhum dos polos: há o ódio, mas aí devemos levar o amor; há trevas, mas nosso dever é levar a luz. Sempre com a convicção de que a última palavra cabe ao amor e à **luz**.

O santo é um homem que sabe que todo momento da nossa vida humana é um momento de crise; pois a todo momento somos chamados a tomar uma decisão da maior importância – a escolher entre o caminho que conduz à morte e às trevas espirituais, e o caminho que conduz à luz e à vida; (...) entre a nossa vontade (...) e a vontade de Deus. (Aldous Huxley, escritor inglês)

Louvado sejas, Senhor meu, pela irmã Lua e as estrelas, as quais formaste claras, preciosas e belas.

QUAL É A IMPORTÂNCIA DA DIMENSÃO DO FEMININO EM NOSSA VIDA? COMO FAZER PARA RESGATÁ-LA?

Toda pessoa possui uma porção masculina e uma porção feminina. A diferença é mínima. Em cada célula, existem 22 pares de cromossomos somáticos. A mulher possui ainda dois cromossomos X (XX), e o homem, um cromossomo X e outro Y (XY). Logo, se vê que a diferença é apenas de um cromossomo, a partir do sexo de base, que é feminino. Ou seja, nós somos portadores das dimensões um do outro, **masculino e feminino**. Ocorre que, ao longo da história, o homem acabou predominando sobre a mulher, com a formação do patriarcado e a inflação do masculino e de seus valores próprios. A mulher foi feita quase invisível. Com isso, perdeu-se aquele equilíbrio primordial que a natureza havia nos dado.

Masculino e feminino são dois aspectos de um só princípio. A divisão da vida em sexos foi uma divisão tardia. Biologicamente, a ameba não é macho nem fêmea. (...) Eis por que é absurdo falar em Deus como deste ou daquele sexo. O poder divino é anterior à separação sexual. (Joseph Campbell, em *O Poder do Mito*)

Hoje, graças à luta das mulheres por sua dignidade e pela igualdade de direitos, estamos conseguindo resgatar a dimensão do feminino, com os valores que lhe acompanham, que são o cuidado, a perspectiva mais global, o espírito de colaboração e o sentido da espiritualidade. São Francisco soube integrar de forma exemplar em sua vida o masculino e o feminino. Por sua sensibilidade para com os pobres, para com a natureza, e por sua descoberta de Deus em todas as coisas, ele resgatou e integrou o feminino. Seguramente, algo que o ajudou muito foi sua relação de profunda amizade e de amor por Santa Clara. Juntos, eles mostram como o feminino e o masculino podem ser caminhos de humanização e de santidade.

Louvado sejas, Senhor meu, pelo irmão vento, e pelo ar, pelas nuvens e o céu claro, e por todos os tempos, pelos quais às Tuas criaturas dás sustento.
Louvado sejas, Senhor meu, pela irmã água, que é tão útil e humilde, e preciosa e casta.
Louvado sejas, Senhor meu, pelo irmão fogo, por cujo meio a noite alumias, ele que é formoso e alegre e vigoroso e forte.

NESSE TRECHO DO CÂNTICO DE SÃO FRANCISCO, VEMOS COMO O FOGO É LOUVADO POR REPRESENTAR A UNIÃO DA FORMOSURA E DA ALEGRIA COM O VIGOR E A FORÇA, INTEGRANDO O QUE, A PRINCÍPIO, PARECEM SER QUALIDADES OPOSTAS. NESSE SENTIDO, LEMBRANDO O TÍTULO DE SEU LIVRO *A ÁGUIA E A GALINHA*, COMO ALIAR O LADO ÁGUIA E O LADO GALINHA DE NOSSA PERSONALIDADE?

Como já dizia Shakespeare, sendo mais tarde confirmado por Freud, todos nós somos feitos do material dos nossos sonhos. Isso significa que temos uma dimensão de idealismo, de voo para as alturas, de grandes desejos que buscamos realizar na vida. Sem termos um sonho, não conseguimos dar rumo à nossa existência. Por outro lado, somos feitos também do pó do chão. Somos terra, somos concretos e limitados. O ser humano, homem e mulher, é a combinação permanente e indissolúvel destas duas dimensões: queremos voar alto como as águias e, ao mesmo tempo, temos que ciscar como as galinhas.

Dito de outra forma: por mais sonhos que alimentemos, ainda temos que garantir a infraestrutura básica da vida, o que inclui comida, casa, segurança, saúde, etc. Entretanto, não basta termos só a infraestrutura; sozinha, ela nos deixa sem dinamismo. Daí precisarmos tanto do sonho, do dinamismo de querer melhorar e crescer. Somos, simultaneamente, águias que buscam os horizontes abertos do **céu** e galinhas que se obrigam a viver no espaço limitado do chão. Essa é a condição humana. Equilibrar essas duas dimensões é que constitui o desafio do dia a dia: não se bastar em ser apenas galinha nem se contentar em ser somente águia. É essencial aprender o momento certo de sermos águias e o momento certo de sermos galinhas.

Você é o céu, sem deixar de ser o ninho. No ninho, o Seu amor, amor de Ser tão belo, envolve a alma em cores, sons, odores. (...) Mas lá, onde o céu infinito se alarga para o voo da alma, reina o esplendor imaculado. Não há dia nem noite, não há forma nem cor, e jamais, jamais uma palavra. (Rabindranath Tagore, escritor e poeta indiano)

Louvado sejas, Senhor meu, por nossa irmã, a mãe Terra, que nos sustenta e governa e dá tantos frutos e coloridas flores, e também as ervas.

O ATO DE COMER E BEBER JUNTOS, DE FAZER UMA REFEIÇÃO EM FAMÍLIA, É UM DOS COSTUMES MAIS ANCESTRAIS DA HUMANIDADE, COSTUME ESTE QUE VEM SE PERDENDO NOS ÚLTIMOS TEMPOS. QUAL É A FUNÇÃO EMOCIONAL E CULTURAL DESSE RITUAL?

Nós somos diferentes dos animais, que, ao comer, apenas se nutrem. Nós comemos e nos nutrimos, mas o fazemos dentro de um ritual. O ritual quer celebrar o caráter precioso dos alimentos, assim como o fato de estarmos juntos à mesa. Os alimentos são mais que alimentos, eles são vida concentrada que produz vida em nós. Estando juntos à mesa, reforçamos nossas relações, exercemos a gentileza, renovamos o diálogo e superamos nossas tensões e conflitos. Por isso, o comer possui também um lado estético. Comemos com os olhos, preparando comidas bonitas, coloridas e apetitosas. A culinária revela a singularidade da cultura de um povo. Não à toa, cada povo possui a sua própria culinária; no fundo, é a forma como esse povo entra em comunhão com a natureza, pelo caminho dos **alimentos**. Nós devemos sempre ser gratos pela generosidade da Mãe Terra, que nos oferece uma oferta tão variada e rica de seus bons frutos, para a vida e a comunhão humanas.

No dia em que as panelas da cozinha forem tão sagradas quanto os vasos dos altares, o sagrado estará na Terra e em cada gesto do cotidiano. (Santa Tereza D'Ávila, religiosa espanhola)

Louvado sejas, Senhor meu,
pelos que perdoam por Teu amor,
e suportam enfermidades e atribulações.
Bem-aventurados os que as suportam em paz,
pois serão por Ti, Altíssimo, coroados.

COMO O FATO DE TER SIDO OBRIGADO A LIDAR COM AS PERSEGUIÇÕES DA IGREJA POR CAUSA DE SUAS IDEIAS LHE ENSINOU O VALOR DO PERDÃO?

Mais que o perdão, eu tive que exercer a compaixão. A compaixão nasce quando você se dá conta de que é vítima da incompreensão ou da má interpretação de suas ideias e suas intenções. Compaixão é procurar entender a posição do outro e até participar de sua dor. Até hoje, estou convencido de que, na verdade, as autoridades doutrinárias do Vaticano nunca entenderam o compromisso dos cristãos em favor de mudanças estruturais da sociedade, que é feita de milhões de pobres e de alguns poucos ricos. A pobreza não é produzida pela natureza nem é querida por Deus. Ela é produto da exploração, de salários insuficientes, de descaso pelas condições de vida das pessoas. Assim, a pobreza é empobrecimento. Empobrecimento é opressão. Opressão é injustiça. E injustiça é pecado. Toda opressão reclama libertação.

Isso é algo que foi compreendido por religiosos e religiosas, teólogos e teólogas, leigos e leigas. E criou-se um movimento de libertação a partir da fé cristã e do seguimento de Jesus, que, aliás, não morreu de velho na cama, mas executado na cruz por causa de seu compromisso de mudar o mundo à luz do Reino de Deus. Mas o Vaticano nunca entendeu esse encadeamento. Acusaram-nos de marxistas, quando éramos e somos cristãos empenhados em entender as causas da pobreza e encontrar formas de superá-la. Foi uma grande incompreensão, mais que má vontade. Por isso, não cabe o perdão, mas a compaixão e a misericórdia para com a ignorância e o mal-entendido, que tiveram consequências trágicas. Como a prisão, a tortura e a morte de tantas pessoas nas mãos das ditaduras militares sul-americanas, que, vendo que Roma não apoiava esse movimento libertador, acusaram essas pessoas de subversivas. Tudo isso poderia ter sido evitado se tivesse havido mais abertura e vontade de diálogo. Mas, mais que os condenar, devemos exercer a compaixão.

*Louvado sejas, Senhor meu, por nossa irmã,
a morte corpórea, da qual nenhum homem vivo
pode escapar.
Pobres dos que morrem em pecado mortal!
E benditos os que a morte encontrar conformes à
Tua santíssima vontade, pois a segunda morte não
lhes fará mal.*

O SENHOR ESCREVE QUE, "SE OLHARMOS PARA TRÁS, PARA O PROCESSO DA ANTROPOGÊNESE, PODEMOS SEGURAMENTE DIZER: A CRISE ATUAL, COMO AS ANTERIORES, NÃO NOS LEVARÁ À MORTE, MAS A UMA INTEGRAÇÃO NECESSÁRIA DA TERRA COM A HUMANIDADE". DE QUE SE TRATA ESSA "INTEGRAÇÃO NECESSÁRIA" DO PLANETA COM O HOMEM, DE QUE MODO O DESTINO DOS DOIS ESTÁ ATRELADO?

Devemos partir de uma correta e concreta compreensão do ser humano. Nós somos fruto de um processo de evolução que já tem 13,7 bilhões de anos. O universo foi se expandindo, se autocriando e se auto-organizando, gestando cada vez mais complexidade, até, enfim, se darem as condições da emergência da vida. Nós somos um subcapítulo da vida, como vida consciente, inteligente e amante. Somos parte desse todo. Mais concretamente, somos a parte consciente e inteligente da Terra. Somos mais que filhos e filhas da Terra; somos a própria Terra em seu momento de sensibilidade, inteligência, amor, cuidado e espiritualidade. Por isso a palavra homem vem de *húmus*, que significa "terra fecunda". Nós pertencemos à natureza. Juntos, formamos uma unidade.

A humanidade sempre teve essa compreensão, mas ela foi perdida com o advento da ciência e da técnica modernas, que passaram a entender a Terra e a natureza como coisas sem inteligência nem propósito e que o homem poderia fazer o que quisesse com elas. E ele fez. E o resultado disso são os frutos que hoje estamos colhendo. A Terra é viva, a natureza é viva. Depois de serem devastadas, ambas, Terra e **natureza**, estão dando o troco na forma de cataclismos, terremotos, *tsunamis* e um desarranjo geral do clima. Precisamos voltar urgentemente ao espírito de São Francisco, que chamava a Terra de irmã e mãe e que a todos os seres dava o doce nome de irmãos e irmãs, sempre com ilimitado respeito. Se não quisermos ir ao encontro do pior, temos que recuperar essa atitude franciscana perante a vida.

Os trabalhadores têm a CUT, a CGT. A onça--pintada não tem sindicato. Os rios não têm sindicato. O mar não tem sindicato. / Eles terão agora o seu Sindicato neste cantinho. Crie você também (...) um SINDICATO DA NATUREZA. Nosso lema será sempre AMOR, POESIA & LIBERDADE. (Roberto Piva, poeta paulistano)

Louvai e bendizei todos vós a meu Senhor, e dai-Lhe graças, e O servi com grande humildade. Amém.

MELHOR DE TRÊS

O FILÓSOFO FRIEDRICH NIETZSCHE DIZIA QUE UMA ESPÉCIE DE ORAÇÃO DE CADA PESSOA AO INICIAR O DIA DEVERIA SER UM PENSAMENTO DO TIPO “HOJE VOU DAR ALEGRIA A ALGUÉM”. EM SUA OPINIÃO, QUAL DEVE SER A ORAÇÃO DE CADA PESSOA PARA COMEÇAR O DIA?

O mesmo Nietzsche também afirmou que nós deveríamos dizer: “Sejam bem-vindas todas as coisas”. Creio que, mais que um pensamento, o primeiro sentimento ao começar o dia deve ser o de agradecer pelo dom da vida e pelo fluxo natural de todas as coisas: o fato de o sol nascer, de os ventos soprarem, de a Terra nos entregar seus dons, de termos água para a vida, de termos companheiros e companheiras na aventura que é a nossa curta passagem por este pequeno e esplendoroso planeta. E nunca deixar de sentir-se na palma da mão de Deus.

O QUE É UMA PESSOA VIRTUOSA?

Uma pessoa virtuosa é aquela que busca ser inteira em tudo o que faz, que tenta fazer tudo da melhor forma possível, com reta intenção e com cuidado para que tudo dê certo. É alguém desprendido em face do sucesso ou do insucesso de sua ação. Pessoas virtuosas são pessoas como dom Pedro Casaldáliga e **dom Tomás Balduino**, entre tantos outros e outras.

Frei dominicano, falecido em 2014, aos 91 anos, foi bispo emérito da cidade de Goiás (GO) e presidente da Comissão Pastoral da Terra (CPT), da qual também era conselheiro permanente.

ATÉ HOJE, QUAL FOI O SEU MAIOR APRENDIZADO NA VIDA?

Não existe maior ou menor aprendizado. Viver é sempre aprender, porque aprender é trocar através das relações que entretemos com toda a realidade, com as pessoas, com a natureza, com as adversidades e as alegrias da existência. Não há nenhuma situação em face da qual você não tenha que tomar uma atitude e assim tenha a oportunidade de aprender. Até mesmo ao morrer você ainda está aprendendo, enriquecendo seu próprio ser.

MESA-REDONDA

Dom Pedro Casaldáliga pergunta:

"ESTOU CERTO DE QUE AO AMIGO LEONARDO BOFF, DE VÁRIAS MANEIRAS E PROCEDÊNCIAS, SE TEM PERGUNTADO: 'COMO VIVER O DIÁLOGO INTERPESSOAL E INTER-RELIGIOSO?'. EU LHE FAÇO MAIS UMA VEZ ESSA PERGUNTA."

Seja no diálogo interpessoal, seja no diálogo inter-religioso, é preciso alimentar uma mesma e idêntica atitude: de estar aberto para escutar o outro, para se colocar na posição dele, de estar disposto a perceber os elementos positivos que existem. E, daí, somar-se a ele e também falar. Eu só acredito no diálogo inter-religioso quando deixamos para trás as doutrinas – que são metafísicas criadas pela mente humana – e rezamos juntos. Na oração, todos nos encontramos unidos em face do mistério que cerca nossa existência e enche o universo. E, então, nos descobrimos como seres humanos que têm as mesmas buscas, os mesmos sofrimentos, os mesmos sonhos e a mesma perspectiva de continuidade da vida para além desta vida.

PARA SE CONHECER

Site:
www.leonardoboff.com
Livros:
A Águia e a Galinha, de Leonardo Boff (Vozes)
Saber Cuidar: Ética do Humano – Compaixão pela Terra, de Leonardo Boff (Vozes)

MESA-REDONDA

Dom Pedro Casaldáliga pergunta:

ESTOU CERTO DE QUE AO AMIGO LEONARDO BOFF, DE VÁRIAS MANEIRAS E PROCEDÊNCIAS, SE TEM PERGUNTADO: "COMO VIVER O DIÁLOGO INTERPESSOAL E INTER-RELIGIOSO?". EU LHE FAÇO MAIS UMA VEZ ESSA PERGUNTA.

Leonardo Boff responde:

Seja no diálogo interpessoal, seja no diálogo inter-religioso, é preciso alimentar uma mesma e idêntica atitude: de estar aberto para escutar o outro, para se colocar na posição dele, de estar disposto a perceber os elementos positivos que existem. E, daí, somar-se a ele e também falar. Eu só acredito no diálogo inter-religioso quando deixamos para trás as doutrinas – que são metafísicas criadas pela mente humana – e rezamos juntos. Na oração, todos nos encontramos unidos em face do mistério que cerca nossa existência e enche o universo. E, então, nos descobrimos como seres humanos que têm as mesmas buscas, os mesmos sofrimentos, os mesmos sonhos e a mesma perspectiva de continuidade da vida para além desta vida.

Leonardo Boff pergunta:

JESUS NÃO ERA UM CRISTÃO, MAS UM JUDEU. QUANDO ELE FALA DE ESCRITURAS, NÃO PENSA NO *NOVO TESTAMENTO*, QUE AINDA NÃO EXISTIA, MAS NO *ANTIGO TESTAMENTO*. COMO VOCÊ SITUA JESUS DENTRO DA GRANDE TRADIÇÃO E DA HISTÓRIA DA FÉ ABRAÂMICA?

Ian Mecler responde:

É difícil situar um mestre como Jesus em qualquer contexto histórico ou religioso, mas eu o enxergo como sendo um cabalista, pois seu caminho espiritual não é baseado numa leitura literal da *Torá*, mas na compreensão de sua essência simbólica. Ele falava muito por símbolos. Na verdade, muitos ensinos de Jesus falam de coisas que podemos encontrar no *Antigo Testamento*. Por exemplo, um de seus ensinamentos de maior impacto também aparece por meio de Moisés, no livro do *Êxodo*: "Amai ao próximo como a ti mesmo". É uma frase que resume tudo. Mais do que nos orientar a viver em harmonia com nosso semelhante, ela nos leva ao entendimento de que somos, todos, uma única e mesma alma. É o Deus único de Abraão. E a essência do Deus único abraâmico é a afirmação da presença de Deus em tudo, de que a luz espiritual está sempre presente, em todas as pessoas e situações. Precisamos somente aprender a extraí-la. Em última análise, esse aprendizado, essa redenção acontecerá em nível coletivo. É o que, na cabala, denominamos "a era do Messias" – quando uma imensa massa crítica estará abençoada pelo grau de consciência alcançado por mestres como Abraão e o próprio Jesus, que nos indicou a direção ao dizer "Eu sou o caminho".

Ian Mecler pergunta:

GOSTARIA DE SABER SE REALMENTE É POSSÍVEL HAVER UM SISTEMA PARA QUE O SER HUMANO SE TORNE UM SER MAIS FELIZ.

Susan Andrews responde:

Sim, é possível. Nos últimos anos, um número cada vez maior de cientistas tem se esforçado para decifrar os segredos da felicidade. E uma nova disciplina vem sendo desenvolvida, chamada de a "ciência da hedônica". A palavra "hedônica" foi cunhada pelo psicólogo Daniel Kahneman, ganhador do Prêmio Nobel de Economia em 2002. Esse termo denota a pesquisa científica em relação às fontes da felicidade humana. De acordo com esses estudos, até determinado nível de riqueza, o sucesso material de fato traz mais felicidade. Por exemplo, quando uma pessoa progride de um estado de absoluta pobreza até o atendimento de suas necessidades de sobrevivência, e desse nível de sobrevivência até uma vida confortável, e depois de uma vida confortável até certo grau de luxo, sua felicidade realmente aumenta. Contudo, após determinado ponto, mais bens materiais não trazem mais satisfação. O que importa a essa altura são os chamados "fatores não materiais", como companheirismo, famílias harmoniosas, relacionamentos amorosos e uma sensação de se viver uma vida significativa. Ou seja, nós, como seres humanos, temos fome não apenas por alimento para o corpo, mas também para a alma.

É possível – e não somente possível, mas imperativo, neste momento da nossa evolução – desenvolver sistemas sociais que proporcionem não só prosperidade para todos, mas a elevação do espírito. Esse é o grande desafio para a humanidade atual.

Susan Andrews pergunta:

LEMBRANDO A IMPORTÂNCIA DO SILÊNCIO NAS OBRAS DE JOHN CAGE, QUAL É O PAPEL DO SILÊNCIO EM SUAS COMPOSIÇÕES?

Artur Andrés responde:

Acredito que a busca do silêncio interno seja uma das grandes metas do trabalho interior. Somente quando estamos apoiados nessa condição de maior equilíbrio interno é que podemos, pouco a pouco, aprender realmente a ouvir, a ver, a sentir. A habilidade de tocar um instrumento, de fazer música e, ainda, de ouvi-la, depende essencialmente dessa busca. Como disse o sr. Gurdjieff: "O silêncio não é a ausência de sons, mas a ausência do ego".

Artur Andrés pergunta:

NO TAOÍSMO – COMO SE VÊ NO PRÓPRIO SÍMBOLO DO CÍRCULO, COM AS METADES BRANCA E PRETA, COM UM PONTO DE COR OPOSTA NO INTERIOR –, A DINÂMICA DA VIDA APARECE COMO SENDO FRUTO DA INTERAÇÃO ENTRE DUAS FORÇAS: *YIN* E *YANG*. JÁ O MÍSTICO G. I. GURDJIEFF FALA MUITO SOBRE A EXISTÊNCIA DE TRÊS FORÇAS: A SANTA AFIRMAÇÃO, A SANTA NEGAÇÃO E A SANTA CONCILIAÇÃO. COMO VOCÊ ENXERGA ESSA QUESTÃO DAS TRÊS FORÇAS?

Roberto Otsu responde:

No símbolo taoísta do *yin-yang*, os pontos de cores opostas que ficam nas áreas maiores indicam que, potencialmente, em cada face da realidade, já existe a semente de seu oposto. Nada é apenas *yang* nem apenas *yin*. Mesmo quando o sol está a pino, ao meio-dia (*yang*), ainda há sombra (*yin*). No ponto mais escuro da noite (*yin*), ainda há a luz da lua e das estrelas (*yang*). Na passagem da noite para o dia, temos a aurora; do dia para a noite, o crepúsculo. Aurora e crepúsculo representam o meio-termo, o momento intermediário em que não é dia nem noite. É esse meio-termo que se aproxima da ideia das três forças defendida por G. I. Gurdjieff, assim como pelo filósofo alemão Georg W. F. Hegel – enquanto Hegel fala de tese, antítese e síntese, Gurdjieff fala de afirmação, negação e conciliação. A síntese de Hegel e a conciliação de Gurdjieff correspondem a esse terceiro elemento (ou meio-termo), que nasce da interação entre os dois polos complementares da mesma dinâmica.

Na visão taoísta, contudo, essa terceira força (síntese ou conciliação) não é vista como o fim do processo, mas apenas como mais uma etapa no constante processo de mutação da vida. No taoísmo, tudo é resultado do encontro do *yin* com o *yang*. E esse resultado, não importa qual seja, sempre dará origem a seu oposto, assim como o dia dá origem à noite e vice-versa. Temporariamente, esse resultado pode até ser chamado de síntese (conciliação). Mas a dinâmica da existência faz com que a própria síntese (conciliação) que se estabeleceu dê origem a uma nova situação, que passa a se chamar tese (afirmação). Em seguida, da nova tese (afirmação), surge outra força oposta e complementar, sua antítese (negação). Desse encontro, então, resultará uma nova síntese (conciliação). E assim se seguirá eternamente, com toda a vida em incessante mutação.

Roberto Otsu pergunta:

SINTO QUE SÓ HÁ UMA PERGUNTA PARA MIM, QUE VAI MUITO ALÉM DE UM MERO JOGO DE PALAVRAS: "QUAL É A PERGUNTA QUE *VOCÊ* FAZ?"

Chandra Lacombe responde:

Eu me faria a seguinte pergunta: "A montagem atual de minha vida reflete, de verdade, minha intenção de manifestar meu inteiro potencial humano?".

Chandra Lacombe pergunta:

O QUE O SENHOR ACREDITA SER A RECEITA DA FELICIDADE PARA O HOMEM?

José Ângelo Gaiarsa responde:

Não acredito que haja uma receita da felicidade, ao menos eu não a conheço. Mas um dos segredos da felicidade é saber olhar sem intenção, olhar apenas para ver, para perceber o outro, como ele está nesse momento, como ele se coloca diante de mim. Se eu olho bem, se deixo meu corpo se colocar em relação ao outro, não há contato maior do que esse. E somente um contato assim pode ser o ponto de partida para o amor.

José Ângelo Gaiarsa pergunta:

MONJA COEN, EU A CONHECI AINDA NA ÉPOCA DE SUAS ATIVIDADES POLÍTICAS, ANTES DE SER MONJA. AO LONGO DOS ANOS, NOS VIMOS POR ACASO DUAS OU TRÊS VEZES, E VOCÊ FOI MUITO SIMPÁTICA, TEM UMA INFANTILIDADE RECONQUISTADA. ASSIM, GOSTARIA DE FAZER UMA PERGUNTA PESSOAL, QUE FAÇO COM UM SORRISO ESTAMPADO NO ROSTO: VOCÊ AINDA ME AMA?

Monja Coen responde:

Profundamente, dr. Gaiarsa. O senhor é uma pessoa muito amada, que teve um papel muito importante em minha vida. O senhor é uma dessas pessoas que abrem nossos portais de percepção, que nos ajudam a sair do casulo, das ideias preconcebidas sobre isso ou aquilo, para que nos tornemos seres realmente livres. Isso eu devo ao senhor, uma liberdade de pensamento, de descoberta de mim mesma e do mundo.

Monja Coen pergunta:

SINTO QUE ESTÁ HAVENDO UMA MUDANÇA DE CONSCIÊNCIA NO MUNDO, COM UM GRUPO CADA VEZ MAIOR DE PESSOAS PREOCUPADAS COM AS QUESTÕES DO MEIO AMBIENTE, DA VIDA NA TERRA. E SINTO QUE ISSO É UMA MUDANÇA DO PRÓPRIO DNA DA ESPÉCIE HUMANA, QUE NÃO QUER DESAPARECER, QUE QUER SER MANTIDO VIVO. GOSTARIA DE SABER SE A SENHORA CONCORDA COMIGO, QUE O DNA DA ESPÉCIE HUMANA É RESPONSÁVEL POR ESSA MUDANÇA DE CONSCIÊNCIA.

Gudrun Burkhard responde:

Sem dúvida, no que se refere ao componente biológico do ser humano, o DNA é responsável por parte importante desse processo de mudança. Mas também há outro componente, que é o espiritual. Na antroposofia, cremos na reencarnação. Nesse sentido, o cerne individual do ser humano vem passando por transformações de consciência desde as épocas ancestrais, em culturas como as da Índia, do Egito e da Grécia, que, de algum modo, todos nós vivenciamos como seres encarnados na Terra. E a experiência de todas essas culturas está voltando de forma bastante significativa hoje. Assim, ao lado do importante componente biológico, que é a mudança do DNA, a transformação a que assistimos hoje é fruto do processo em que, através dos tempos, a entidade espiritual do ser humano vem adquirindo mais consciência a cada encarnação, a cada passagem pela Terra.

Gudrun Burkhard pergunta:

A INSTITUIÇÃO FUNDADA PELA SENHORA SE CHAMA PALAS ATHENA, REMETENDO A TODO O SABER QUE SE FORMOU NA GRÉCIA, ONDE ATHENA É A DEUSA DA SABEDORIA. PARA A SENHORA, QUE ASPECTOS DE NOSSA CIVILIZAÇÃO ATUAL REPRESENTARIAM A VERDADEIRA SABEDORIA E COMO NÓS PODEMOS INCENTIVAR AS PESSOAS A DESENVOLVER UMA SABEDORIA QUE SE TRANSFORMA EM AÇÃO, QUE SE TRANSFORMA EM AMOR?

Lia Diskin responde:

Atualmente, podemos ver que há um crescente interesse por parte das ciências da saúde, em especial por parte das neurociências, no estabelecimento de um diálogo com o saber oferecido pelas várias tradições espirituais. Por séculos, a ciência e a espiritualidade estiveram distantes na cultura ocidental, considerando-se mutuamente excludentes, e a aproximação entre esses dois campos hoje é evidente, o que nos dá um panorama muito promissor. Com isso, o espaço privilegiado que a racionalidade ocupou até a metade do século XX começa a ceder lugar a uma outra dimensão, que é a dimensão das emoções, da imaginação, da intuição criativa, dos sentimentos. Penso que essa abertura para o diálogo de saberes é um sinal significativo de maturidade e, portanto, de sabedoria. Seguramente, nossos esforços nessa direção serão um instrumento precioso para minimizar os sofrimentos decorrentes da intolerância, da injustiça e da exclusão no mundo.

Lia Diskin pergunta:

TENHO GRANDE RESPEITO PELAS PESSOAS QUE ESCOLHEM UMA TRAJETÓRIA DE VIDA QUE, EM GERAL, NÃO É O QUE SE ESPERA DE UMA PESSOA 'PRODUTIVA', NUMA SOCIEDADE EM QUE SER 'PRODUTIVO' É CRIAR PRODUTOS. SABENDO DO PREÇO QUE A GENTE PAGA POR FAZER UMA OPÇÃO DESSAS, GOSTARIA DE SABER COMO SE DEU O CHAMADO PARA O SENHOR. COMO O SENHOR OUVIU INTERNAMENTE ESSE CHAMADO PARA PODER FAZER A ESCOLHA QUE FEZ NA VIDA?

Divaldo Franco responde:

Comecei a ver e a ouvir os espíritos desencarnados ainda criança, com cerca de quatro anos de idade, sendo que, só ao completar 17 anos, adquiri consciência da mediunidade de que sou objeto, quando fui a uma reunião espírita pela primeira vez e passei a estudar o Espiritismo. Mas foi em 1948, aos 21 anos, que tive uma visão que mudou todo o meu mapa existencial.

Nessa época, experienciei um fenômeno de desdobramento da personalidade, comumente chamado de "viagem astral". Vi-me em uma área arborizada, com muitas edificações e dezenas de crianças que brincavam em torno de um ancião. Por curiosidade, acerquei-me do grupo e, para minha grande surpresa, quando o senhor idoso voltou-se na minha direção, constatei que aquele ancião era eu mesmo, envelhecido. Ante o espanto que me tomou, escutei uma voz que me disse: "Isto é o que farás da tua existência. Serás educador de novas gerações e construtor de um mundo novo de paz e de amor". Assustando-me, despertei.

Mais tarde, narrei o acontecimento a alguns amigos, nascendo, a partir daí, o projeto Mansão do Caminho, em Salvador, que já educou mais de 20 mil jovens carentes e hoje, além de ter 3 mil alunos na sua rede escolar, atende a milhares de pessoas por dia. Esse foi e é o chamado.

Divaldo Franco pergunta:

PERGUNTARIA AO NOBRE ESCRITOR SE PODERIA SINTETIZAR PARA MIM QUAL É A FILOSOFIA DO SANTO DAIME, OS OBJETIVOS DESSE MOVIMENTO NASCIDO NO BRASIL E, AINDA, ME ESCLARECER

SE O IDEAL NÃO SERIA A CONQUISTA DO TRANSE PROFUNDO, DA UNIÃO COM DEUS, SEM O AUXÍLIO DE QUALQUER SUBSTÂNCIA QUE CONTRIBUA PARA ESSA FINALIDADE.

Alex Polari responde:

Atendo com prazer a meu ilustre interlocutor, a quem aprecio como um dos grandes expoentes da doutrina Espírita. A tradição do Santo Daime se baseia no uso ritual da *ayahuasca*, bebida sagrada utilizada como sacramento há mais de três mil anos por indígenas na Amazônia. O Santo Daime faz a síntese entre essa sabedoria nativa ancestral e os ensinos originais do Mestre Jesus, incluindo ainda elementos esotéricos e kardecistas, como o estudo mediúnico. Mas o ponto fundamental é a crença de que a própria bebida é um ser divino, o Paráclito – a nova vinda do Espírito Santo anunciada nos evangelhos –, na forma de um cipó do mundo vegetal.

Quanto à segunda parte da pergunta, o uso de plantas psicoativas é um dos meios mais antigos de conexão com o sagrado. Na Grécia Antiga, por exemplo, nos chamados "Mistérios de Eleusis", milhares de pessoas encerravam uma longa peregrinação com um ritual no templo em honra à deusa Deméter, na localidade de Eleusis, onde era servida uma bebida psicoativa preparada com fungos do centeio. Vários antropólogos, como o francês Claude Lévi-Strauss, afirmam que o contato do *homo sapiens* com os cogumelos psicoativos, no período neolítico, talvez tenha tido um papel crucial na formação da própria consciência humana. Esse primeiro contato teria despertado a fagulha divina até então adormecida em nossa espécie. Nesse sentido, somos herdeiros dessa antiga e respeitável tradição, cujos ensinamentos foram mantidos, geração após geração, por xamãs de todo o globo.

Alex Polari pergunta:

EU ESTIVE RECENTEMENTE NA ÍNDIA, ONDE ME LEMBREI COM CARINHO DO SENHOR, POR QUEM TENHO GRANDE ADMIRAÇÃO. NESSE SENTIDO, GOSTARIA QUE FALASSE UM POUCO SOBRE SUA LIGAÇÃO COM SATHYA SAI BABA E DA IMPORTÂNCIA DOS ENSINAMENTOS E DO TRABALHO DELE.

Professor Hermógenes responde:

Fico feliz com a lembrança, mas, em relação à minha relação com Sai Baba e à importância de sua obra e de seus ensinamentos, não tem como eu resumir. Meu conhecimento de Sai Baba não se dá através do raciocínio, mas é um conhecimento que nasce da vivência, da experiência, da prática. Todos os dias, busco praticar o que ele me ensinou, não recorrendo a ele para fazer pedidos ou o que seja. Procuro apenas isto: colocar em prática aquilo que aprendi.

Professor Hermógenes pergunta:

MAIS QUE UMA PERGUNTA, EU QUERO DIRIGIR UMA HOMENAGEM A DOM PEDRO CASALDÁLIGA. DOM PEDRO, RECEBA A MINHA HOMENAGEM E A MINHA GRATIDÃO PELO BOM TRABALHO QUE O SENHOR TEM FEITO, EM PROVEITO DA UNIDADE DE CONSCIÊNCIA, DE UMA CONSCIÊNCIA UNA. NESTE MOMENTO DE AFLIÇÃO NO MUNDO, QUE DEUS O ABENÇOE, PELO QUE O SENHOR TEM FEITO E, ESPERO, CONTINUE FAZENDO. OFEREÇO-LHE TAMBÉM ESTA FRASE: 'É NAS QUEDAS QUE O RIO CRIA ENERGIA'. RECEBA A MINHA HOMENAGEM: NAMASTÊ!

Dom Pedro Casaldáliga responde:

Prezado professor Hermógenes, agradeço de coração a cordialidade fraterna de sua homenagem. "É nas quedas que o rio cria energia". Sim, é nas crises que se purifica a vida das pessoas e dos povos. Sempre que saibamos vivê-las com simplicidade e esperança. Que a paz do Deus da Vida e da Paz esteja com todos nós!

BIBLIOGRAFIA

A Bíblia (Tradução Ecumênica), Loyola.

ALVERGA, Alex Polari de, *Camarim de prisioneiro,* Global.

ALVERGA, Alex Polari de, *O guia da floresta,* Nova Era.

ALVERGA, Alex Polari de, *O livro das mirações,* Nova Era.

ALVES, Castro, *Poesias de Castro Alves – vol. 2,* Conduta.

ANDRADE, Carlos Drummond de, *Poesia completa,* Nova Aguilar.

ANDREWS, Susan, *A ciência de ser feliz,* Ágora.

ANDREWS, Susan, *Stress a seu favor,* Ágora.

ARABI, Ibn, *A alquimia da felicidade perfeita,* Landy.

BACHELARD, Gaston, *A água e os sonhos,* WMF Martins Fontes.

BACHELARD, Gaston, *A terra e os devaneios do repouso,* WMF Martins Fontes.

BACHELARD, Gaston, *A terra e os devaneios da vontade,* WMF Martins Fontes.

BARROS, Manoel de, *Poesia completa,* Leya.

BASHÔ, Matsuo, *Trilha estreita ao confim,* Iluminuras.

BLAKE, William, *O matrimônio do céu e do inferno,* Iluminuras.

BLAVATSKY, Helena P., *A doutrina secreta,* Pensamento.

BOFF, Leonardo, *A águia e a galinha,* Vozes.

BOFF, Leonardo, *Cuidar da terra, salvar a vida,* Record.

BOFF, Leonardo, *Saber cuidar: ética do humano – Compaixão pela terra,* Vozes.

BOFF, Leonardo, *Virtudes para um outro mundo possível – vol. 1: hospitalidade,* Vozes.

BOFF, Leonardo, *Virtudes para um outro mundo possível – vol. 2: convivência, respeito e tolerância,* Vozes.

BOFF, Leonardo, *Virtudes para um outro mundo possível – vol. 3: comer & beber juntos & viver em paz,* Vozes.

BOMFIM, Paulo, *O colecionador de minutos,* Maltese.

BORGES, Jorge Luis, *Obras completas,* Globo.

BOURRE, Jean-Paul (org.), *Princípios de vida – Tradição indígena norte-americana,* Nova Era.

BRECHT, Bertolt, *Histórias do sr. Keuner,* Editora 34.

BUDA (Sidarta Gautama); COHEN, Nissin (trad.), *Dhammapada,* Palas Athena.

BURKHARD, Gudrun, *Homem – mulher: a integração como caminho de desenvolvimento,* Antroposófica.

BURKHARD, Gudrun, *Tomar a vida nas próprias mãos,* Antroposófica.

BURROUGHS, William; GINSBERG, Allen, *Cartas do Yage,* L&PM.

CAMPBELL, Joseph, *As máscaras de Deus – vol. 1: mitologia primitiva,* Palas Athena.

CAMPBELL, Joseph, *As máscaras de Deus – vol. 2: mitologia oriental,* Palas Athena.

CAMPBELL, Joseph, *As máscaras de Deus – vol. 3: mitologia ocidental,* Palas Athena.

CAMPBELL, Joseph, *O poder do mito,* Palas Athena.

CAMPBELL, Joseph, *Tu és isso,* Madras.

CAPRA, Fritjof, *O ponto de mutação,* Cultrix.

CAPRA, Fritjof, *O tao da física,* Cultrix.

CASALDÁLIGA, Pedro, *Cartas marcadas,* Paulus.

CASALDÁLIGA, Pedro, *Espiritualidade da libertação,* Vozes.

CASALDÁLIGA, Pedro, *Orações da caminhada,* Verus.

CASALDÁLIGA, Pedro, *Quando os dias fazem pensar,* Paulinas.

CASALDÁLIGA, Pedro, *Versos adversos – Antologia,* Fundação Perseu Abramo.

CASTANEDA, Carlos, *Porta para o infinito,* Nova Era.

CASTANEDA, Carlos, *Uma estranha realidade,* Nova Era.

CHEVALIER, Jean; GHEERBRANT, Alain, *Dicionário de símbolos,* José Olympio.

CHOPRA, Deepak, *A realização espontânea do desejo,* Rocco.

CHOPRA, Deepak, *As sete leis espirituais do sucesso,* Best Seller.

COEN, Monja, *Sempre zen,* Publifolha.

COEN, Monja, *Viva zen,* Publifolha.

CONFÚCIO, *Os analectos,* Martins Fontes – selo Martins.

DALÍ, Salvador, *Faces ocultas,* Record.

DESHIMARU, Taisen, *A tigela e o bastão – 120 contos zen,* Pensamento.

DISKIN, Lia, *Cultura de paz – Redes de convivência,* Senac.

DISKIN, Lia, *Vamos ubuntar? Um convite para cultivar a paz,* Unesco.

DISKIN, Lia; ROIZMAN, Laura Gorresio, *Paz, como se faz,* Unesco.

DONIGER, Wendy (ed.), *Merriam-Webster's encycolpedia of world religions,* Merriam-Webster.

DUARTE, Rogério (trad.), *Bhagavad Gita – Canção do Divino Mestre,* Companhia das Letras.

ECKHART, Meister, *Sobre o desprendimento,* WMF Martins Fontes.

ELIADE, Mircea, *O conhecimento sagrado de todas as eras,* Mercuryo.

ELIADE, Mircea, *Mito do eterno retorno,* Mercuryo.

ELIADE, Mircea, *Tratado de história das religiões,* WMF Martins Fontes.

ELIADE, Mircea, *O xamanismo e as técnicas arcaicas do êxtase,* Martins Fontes – selo Martins.

EVANS-WENTZ, W. Y. (org.), *O livro tibetano dos mortos,* Pensamento.

EVANS-WENTZ, W. Y., *O livro tibetano da grande liberação,* Pensamento.

FRANCO, Divaldo (pelo espírito Joanna de Ângelis), *Autodescobrimento,* Leal.

FRANCO, Divaldo (pelo espírito Joanna de Ângelis), *Entrega-te a Deus,* Intervidas.

FRANCO, Divaldo (pelo espírito Joanna de Ângelis), *Iluminação interior,* Leal.

FRANCO, Divaldo (pelo espírito Joanna de Ângelis), *Libertação do sofrimento,* Leal.

FRANCO, Divaldo (pelo espírito Joanna de Ângelis), *Messe de amor,* Leal.

FREIRE, Roberto, *Ame e dê vexame,* Guanabara.

FREIRE, Roberto, *Soma, uma terapia anarquista – A alma é o corpo,* Guanabara.

GAIARSA, José Angelo, *Amores perfeitos,* Ágora.

GAIARSA, José Angelo, *A engrenagem e a flor,* Ícone.

GAIARSA, José Angelo, *A estátua e a bailarina,* Brasiliense.

GAIARSA, José Angelo, *Meio século de psicoterapia verbal e corporal,* Ágora.

GAIARSA, José Angelo, *Respiração, angústia e renascimento,* Ícone.

GAIARSA, José Angelo, *Tratado geral sobre a fofoca,* Ágora.

GIBRAN, Khalil, *O profeta,* Claridade.

GURDJIEFF, G. I., *Encontro com homens notáveis,* Pensamento.

GURDJIEFF, G. I., *Gurdjieff fala a seus alunos,* Pensamento.

GURDJIEFF, G. I., *Relatos de Belzebu a seu neto,* Hórus.

HAETINGER, Herwig (org.), *Poemas, pensamentos – Reflexões para o nosso tempo,* Antroposófica.

HERMÓGENES, José, *Autoperfeição com Hatha Yoga,* Nova Era.

HERMÓGENES, José, *Canção universal,* Nova Era.

HERMÓGENES, José, *Mergulho na paz,* Nova Era.

HERMÓGENES, José (org.), *Princípios de vida – Sai Baba,* Nova Era.

HERMÓGENES, José, *Setas no caminho de volta,* Nova Era.

HESSE, Hermann, *O jogo das contas de vidro,* Record.

HESSE, Hermann, *Para ler e pensar,* Record.

HESSE, Hermann, *Sidarta,* Record.

HUXLEY, Aldous, *A filosofia perene,* Cultrix.

HUXLEY, Aldous, *Moksha,* Globo.

HUXLEY, Aldous, *As portas da percepção & céu e inferno,* Globo.

JUNG, Carl Gustav, *O homem e seus símbolos,* Nova Fronteira.

JUNG, Carl Gustav, *Memórias, sonhos, reflexões,* Nova Fronteira.

JUNG, Carl Gustav, *Psicologia e religião,* Vozes.

JUNG, Carl Gustav; WILHELM, Richard, *O segredo da flor de ouro*, Vozes.
KARDEC, Allan (ed.), *Revista Espírita*, ano IV, 1861, Federação Espírita Brasileira.
KRISHNAMURTI, *A primeira e a última liberdade*, Cultrix.
LABATE, Beatriz Caiuby, *A reinvenção do uso da* ayahuasca *nos centros urbanos*, Mercado das Letras.
LABATE, Beatriz Caiuby; ARAÚJO, Wladimyr S. (orgs.), *O uso ritual da* ayahuasca, Mercado das Letras.
LAO-TZU, *Tao-Te King*, Pensamento.
LAUTREÁMONT, Conde de, *Os cantos de Maldoror*, Max Limonad.
LAWRENCE, D. H., *Apocalipse & o homem que morreu*, Companhia das Letras.
LEBOYER, Frédérick, *Nascer sorrindo*, Brasiliense.
LEBOYER, Frédérick, *Se me contassem o parto*, Ground.
LEMINSKI, Paulo, *Jesus*, Brasiliense.
LISPECTOR, Clarice, *Aprendendo a viver*, Rocco.
LISPECTOR, Clarice, *Entrevistas*, Rocco.
LISPECTOR, Clarice, *A hora da estrela*, Rocco.
LOVELOCK, James, *Gaia – Cura para um planeta doente*, Cultrix.
LOWEN, Alexander, *Medo da vida*, Summus.
MAUTNER, Jorge, *Mitologia do Kaos*, Azougue.
MECLER, Ian, *Aqui, agora: o encontro de Jesus, Moisés e Buda*, Record.
MECLER, Ian, *A cabala e a arte de ser feliz*, Sextante.
MECLER, Ian, *A força – O poder dos anjos da cabala*, Record.
MECLER, Ian, *O poder de realização da cabala*, Mauad.
METZNER, Ralph, *Ayahuasca*, Gryphus.
MONTAGU, Ashley, *Tocar*, Summus.
MONTAIGNE, Michel de, *Essais – Livre III*, Gallimard.
NAIMY, Mikhail, *O livro de Mirdad*, Rosacruz.
NIETZSCHE, Friedrich, *Assim falava Zaratustra*, Vozes.
NIETZSCHE, Friedrich, *Aurora*, Companhia das Letras.
NIETZSCHE, Friedrich, *Humano, demasiado humano*, Companhia das Letras.
NOVALIS, *Fragmentos*, Assírio & Alvim.
NOVALIS, *Pólen*, Iluminuras.
OSHO, *Aprendendo a silenciar a mente*, Sextante.
OSHO, *A descoberta do Buda*, Cultrix.
OSHO, *Faça o seu coração vibrar*, Sextante.
OSHO, *O homem que amava as gaivotas*, Verus.
OSHO, *O livro da transformação*, Sextante.
Os Pensadores – Pré-Socráticos, Nova Cultural.
OTSU, Roberto, *O caminho sábio*, Ágora.
OTSU, Roberto, *A sabedoria da natureza*, Ágora.
OUSPENSKY, P. D., *Fragmentos de um ensinamento desconhecido*, Cultrix.

PEARCE, Joseph Chilton, *A criança mágica,* Francisco Alves.

PERLS, Frederick S., *Escarafunchando Fritz – Dentro e fora da lata de lixo,* Summus.

PERLS, Frederick S., *Gestalt-terapia explicada,* Summus.

PIERRAKOS, Eva, *O caminho da autotransformação,* Cultrix.

PIERRAKOS, Eva; SALY, Judith, *Criando união,* Cultrix.

PIERRAKOS, Eva; THESENGA, Donovan, *Entrega ao Deus interior,* Cultrix.

PIERRAKOS, Eva; THESENGA, Donovan, *Não temas o mal,* Cultrix.

PIVA, Roberto, *Estranhos sinais de saturno – Obras reunidas: volume 3,* Globo.

PRABHUPĀDA, A. C., Bhaktivedanta Swami. *O Bhagavad-Gita como ele é,* Fundação Bhaktivedanta.

REICH, Wilhelm, *Análise do caráter,* Martins Fontes – selo Martins.

REICH, Wilhelm, *O assassinato de Cristo,* Martins Fontes – selo Martins.

REICH, Wilhelm, *Escute, Zé-ninguém!,* Martins Fontes – selo Martins.

RILKE, Rainer Maria, *Cartas a um jovem poeta,* Globo.

RILKE, Rainer Maria, *Histórias de Deus,* Padrões Culturais.

ROSA, João Guimarães, *Grande sertão: veredas,* Nova Fronteira.

RUIZ, Alice, *2 em 1,* Iluminuras.

RUMI, Jalal ud-Din, *Poemas místicos,* Attar.

SARAMAGO, José, *O evangelho segundo Jesus Cristo,* Companhia das Letras.

SEATTLE, Cacique, *Carta do Cacique Seattle,* Versal.

SCIADINI, Patrício, *San Juan de La Cruz – O poeta de Deus,* Palas Athena.

STEINER, Rudolf, *Aforismos, versos e textos diversos* – antologia da obra de Steiner disponível no site da Sociedade Antroposófica do Brasil (www.sab.org.br/steiner/aforismos.htm).

STEVENS, Barry, *Não apresse o rio (ele corre sozinho),* Summus.

STEVENS, John O., *Tornar-se presente*, Summus.

SUZUKI, Shunryu, *Mente zen, mente de principiante*, Palas Athena.

TAGORE, Rabindranath, *O coração de Deus*, Ediouro.

THOREAU, Henry D., *Walden ou a vida nos bosques*, Global.

TOLLE, Eckhart, *O poder do agora*, Sextante.

TZU, Sun, *A arte da guerra*, Paz e Terra.

VALÉRY, Paul, *A alma e a dança*, Imago.

VIEIRA, Padre Antônio, *Sermões – vol. 1*, Hedra.

VIEIRA, Padre Antônio, *Sermões – vol. 2*, Hedra.

WATSON, Donald (org.), *The dictionary of mind and spirit*, Avon Books.

WEBER, Renée, *Diálogos com cientistas e sábios*, Cultrix.

WILHELM, Richard (trad.), *I Ching – O livro das mutações*, Pensamento.

WILHELM, Richard, *A sabedoria do I Ching*, Pensamento.

WHITMAN, Walt, *Folhas de relva*, Iluminuras.

YOGANANDA, Paramahansa, *Autobiografia de um iogue*, Lótus do Saber.

Compartilhe a sua opinião
sobre este livro usando a hashtag
#PalavrasDePoder
nas nossas redes sociais:

/EditoraAlaude
/EditoraAlaude
/AlaudeEditora